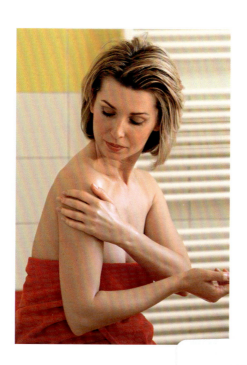

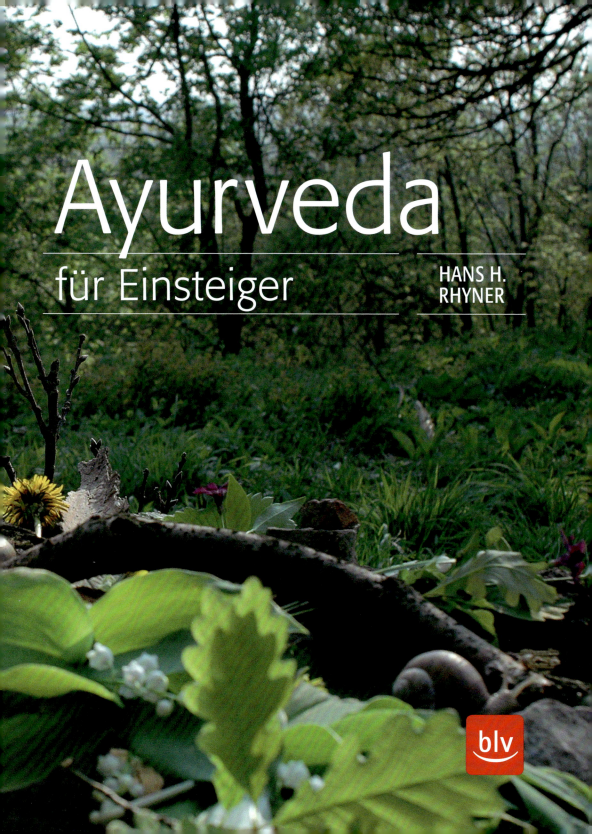

Ayurveda
für Einsteiger

HANS H. RHYNER

blv

Was Sie in diesem Buch finden

Einführung – die Grundlagen des Ayurveda 7

Ayurveda – das Handbuch fürs Leben 8

Gesundheitspflege & Immunfitness mit Ayurveda 19

So erhalten Sie die eigene Gesundheit 20

Meine Empfehlungen für Vata-Konstitutionen 21

Meine Empfehlungen für Pitta-Konstitutionen 24

Meine Empfehlungen für Kapha-Konstitutionen 27

Meine Empfehlungen für Vata-Pitta-Konstitutionen 30

Meine Empfehlungen für Pitta-Kapha-Konstitutionen 34

Meine Empfehlungen für Vata-Kapha-Konstitutionen 37

Meine Empfehlungen für Tridosha-Konstitutionen 40

Was Sie speziell bei Kindern beachten müssen 43

Was Frauen speziell beachten müssen 45

Was Männer speziell beachten müssen 47

Was Sie speziell ab 50 beachten müssen 48

Was Sie in diesem Buch finden 5

Anwendungen für Ihre Immunfitness 51

Die sechs Ernährungsregeln für alle Typen 52

Bewegung – so unterstützen Sie Ihren Konstitutionstyp 54

Behandlungen zur Gesundheitspflege 66

Ganzheitlich behandeln mit Ayurveda 79

Die häufigsten Beschwerdebilder von A bis Z 80

Empfehlenswerte Bezugsquellen 107
Stichwortverzeichnis 108
Über den Autor 110

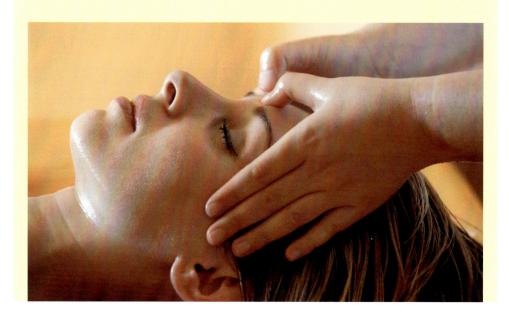

Einführung – die Grundlagen des Ayurveda

Das für jeden verständliche Arbeitsmodell des Ayurveda basiert auf den fünf Elementen, die auf der biologischen Ebene als die drei Wirkkräfte Vata, Pitta und Kapha aktiv sind. Wie unsere Sinne und unser Körper auf die äußere Natur reagieren, bestimmt die elementare Zusammensetzung unserer individuellen Grundkonstitution.

Ayurveda – das Handbuch fürs Leben

Aktive bewusste Menschen wünschen ein auf ihre individuellen Bedürfnisse maßgeschneidertes Gesundheitsprogramm, das schon bei moderatem Einsatz möglichst effiziente Ergebnisse aufzeigt.

Dieses Ziel können Sie mit Ayurveda erreichen, denn mit ihm können Sie Ihre persönliche Gesundheitspflege auf jede Lebenssituation optimal anpassen.

Rechtzeitig die Gesundheit sichern

Es war immer schon teuer und riskant, zum Arzt zu gehen. Vor 3000 Jahren sprach ein weiser Heilfachmann: »Tue alles, was du kannst, um gesund zu bleiben. Denn wenn du die Dienste eines Arztes in Anspruch nimmst, ist dein Reichtum schnell aufgebraucht und dein Leben schwebt in höchster Gefahr!«
Die Arbeitsmodelle des Ayurveda basieren auf archaischen Prinzipien. Sie sind überall und jederzeit gültig. Wenn wir uns die Bedeutung der beiden Wortteile »ayus« und »veda« anschauen, wird ihr Sinn deutlich: »Ayus« steht für die Zeitspanne, bei der Körper, Sinnesorgane, Psyche und Seele eine Einheit bilden. Damit ist der Anfang unseres Lebens im Mutterleib bis hin zum Tod gemeint. »Veda« bedeutet Wissen. Ayurveda steht für das Wissen unserer Lebensspanne und ist somit »das Handbuch fürs Leben«.
Leider kramen wir Handbücher erst hervor, wenn nichts mehr weitergeht. Klug ist, wer es schon vorher studiert, was vor den gröbsten Fehlern schützt und das Leben freudvoller und sicherer macht.

Lernen, auf die innere Stimme zu hören

Was ich empfinde – die Urstoffe

Draußen tobt ein eisiger Wind. Schützende Kleidung und ein warmes Essen im Bauch sind wirksame Maßnahmen, damit der Wind keine Chance erhält, das innere elementare Gleichgewicht zu behelligen. Die einfache gesunderhaltende Regel des Ayurveda lautet: Handlungen und Dinge mit gegensätzlichen Eigenschaften zu den provozierten Elementen gleichen diese aus. Umgekehrt verstärkt Ähnlichkeit Ähnliches.

Wo kommen die Urstoffe her?

Wie entstehen die Elemente bzw. Urstoffe? Damit eine Schöpfung oder Evolution überhaupt stattfinden kann, benötigt sie Raum.

- **Der erste Urstoff – Raum**

So gingen die ayurvedischen Denker davon aus, dass Raum der erste und feinste Urstoff ist. Jedem Urstoff wird eine inhärente Eigenschaft zugeteilt. Zum Raum oder Äther, wie er auch genannt wird, gehört Klang.

Klang durchdringt alle Elemente.

- **Der zweite Urstoff – Wind**

Wenn wir einen gegebenen Raum haben und sich der Schall darin ausbreitet, dann kommt Bewegung in die Sache und schon sind wir beim zweiten Urstoff, dem Wind.
Er besitzt neben der Eigenschaft Schall, die er vom Äther mitbekommt, auch eine neue, nämlich die Ertastbarkeit. Die Teilchen im Windelement sind zwar dünn gesät und wir können den Wind nicht sehen, aber wir spüren ihn auf der Haut.

- **Der dritte Urstoff – Feuer**

Der Wind kommt nie zur Ruhe und so geschieht es, dass Partikel kollidieren. Mit dem ersten Funken entsteht das Feuerelement und mit ihm werden Form und Farbe sichtbar.

- **Der vierte Urstoff – Wasser**

Wo Hitze herrscht, verdichten sich die Partikel und es entsteht die nächste Ursubstanz, das Wasser, mit der Eigenschaft der Geschmackswahrnehmbarkeit.

Die fünf Urstoffe

Urstoffe	Eigenschaften	Sinneswahrnehmung	Organ
Äther oder Raum	leicht, minutiös, weich, glatt	Klang, Hören	Ohren
Wind oder Luft	kühlend, beweglich, leicht, minutiös, trocken, rau	Berührung, Tasten	Haut
Feuer	hitzend, leicht, minutiös, trocken, klar, scharf	Form und Farbe, Sehen	Augen
Wasser	befeuchtend, kalt, weich, mobil, flüssig, ölig, schleimig	Geschmack, Schmecken	Zunge
Erde	schwer, hart, grob, solide, kompakt	Geruch, Riechen	Nase

- **Der fünfte Urstoff – Erde**

Wenn die Wasserpartikel verdampfen und kristallisieren, entsteht der dichteste Urstoff, Erde, mit der Eigenschaft der Geruchswahrnehmbarkeit.
So ergibt sich das Bild in der obigen Tabelle.

Äther, Wind, Feuer, Wasser und Erde – das sind die Bausteine unserer wahrnehmbaren Welt, aus denen sich auch unsere Körper zusammensetzen.
Die Eigenschaften in der zweiten Tabellenspalte bilden die Essenz dieses Modells: Ein Überschuss des einen oder anderen Elementes kann wirkungsvoll reguliert werden, indem man Nahrung, Lebensführung, Medikamente oder Therapien zuführt, die gegensätzliche Eigenschaften besitzen: »schwer« besänftigt »leicht« oder »befeuchtend« besänftigt »austrocknend« etc.

Wie ich wahrnehme – die Sinne

Gäbe es mehr als fünf Urstoffe, hätten wir mehr Sinne. Wir müssen uns damit abfinden, dass erfahrbares Wissen immer subjektiv ist und dass es nur mittels der Sinne festgestellt werden kann. Gerade wenn es um die eigene Gesundheit geht, müssen wir lernen, die milden

Das Element Erde vermittelt den Geruch.

Veränderungen eines Zustandes oder einer Empfindung wahrzunehmen. Ursubstanzen und Sinne stehen in engstem Zusammenhang. Ihrem Einfluss kann sich niemand entziehen.

Vertrauen Sie Ihren Sinnen!

Jeder von uns ist ein Naturwissenschaftler und das Betätigungsfeld, über das niemand besser Bescheid weiß als wir selbst, ist unser eigener psychosomatischer Organismus. Hier zählt einzig die eigene subjektive Wahrnehmung der Sinnesorgane.

Deshalb lautet die wichtigste Botschaft des Ayurveda: »Schöpfen Sie wieder Vertrauen in Ihre ureigenen Sinnesempfindungen. Mit ihnen erspüren Sie das Gleichgewicht oder Ungleichgewicht im Organismus, lange bevor der fortschrittlichste Apparat ausschlagen kann. Ihre Sinne wissen haargenau, wann und ob Ihnen etwas guttut oder schlecht bekommt!«

Wann gilt es, warmes oder kühles **Wasser** zu trinken?

Wie ich reagiere – die Grundkonstitution

Der Schritt von den fünf Urstoffen zu den drei Bioenergien **Vata**, **Pitta** und **Kapha** ist leicht nachvollziehbar. In einem lebenden Organismus können wir beobachten, dass drei klar differenzierbare Kräfte wirken.

Wir sehen:
- das Prinzip der Bewegung Vata
- das Prinzip der Umwandlung Pitta
- das Prinzip der Struktur Kapha.

Heilende oder krank machende Wirkung – beides ist möglich

Eine Tasse heißes Wasser besitzt eine stark schleimlösende Wirkung, während ein Glas eisgekühltes Wasser jede Menge Schleim pro-

> **Wichtig!**
>
> Ayurveda betrachtet einen zu starken, zu schwachen oder unpassenden Einsatz der Sinne als wichtige Krankheitsursache, die unbedingt vermieden werden soll.

Die drei Bioenergien

Vata	Pitta	Kapha
Bioenergie der Bewegung	Bioenergie der Umwandlung	Bioenergie der Struktur
normale Funktion: Enthusiasmus, ausgeglichenes Ein- und Ausatmen, Bewegung, Kreislauf und Elimination der Abfallprodukte	normale Funktion: Sehvermögen und Verdauung, Temperatur, Hunger, Durst, Weichheit, Ausstrahlung, Glücksgefühl und Intelligenz	normale Funktion: Öligkeit, Zusammenhalt, Stetigkeit, Gewicht, Fruchtbarkeit und Potenz, Kraft, Ausdauer, Geduld und Begierdelosigkeit
Eigenschaften: kalt, leicht, trocken, rau, mobil, penetrierend, klar	Eigenschaften: heiß, leicht, leicht ölig, flüssig, penetrierend, sauer, scharf	Eigenschaften: kalt, schwer, feucht, schleimig, unbeweglich, weich, süß

duziert. Auf die Wirkung der drei Bioenergien bezogen, wird Kapha im ersteren Fall besänftigt und im zweiten Fall provoziert. Wasser ist demnach nicht einfach nur Wasser, und wenn dieses Wasser dann noch auf die ausgeprägt differenzierte Reaktionsbereitschaft verschiedener Menschenkonstitutionen trifft, kann das heiße oder kalte Wasser in einem Fall heilen und im anderen krank machen.

Wie die Konstitution zustande kommt

Die Konstitution wird im Augenblick der Befruchtung der Eizelle hauptsächlich durch genetische Faktoren bestimmt. Eine sekundäre, aber nicht weniger wichtige Rolle spielen andere Besonderheiten wie Ernährung und Verhalten der Mutter während der Schwangerschaft, der Zustand von Jahreszeit, Bioenergien, Psyche und Bewusstsein beider Partner während des Geschlechtsaktes, die Nahrung unmittelbar vor dem Akt, die Atmosphäre des Ortes, wo die Vereinigung stattfindet, sowie schicksalhafte Einflüsse.

Die unterschiedlichen Grundkonstitutionen

Ayurveda unterscheidet zwischen sieben körperlichen Grundkonstitutionen, die die Reaktionsbereitschaft des Körpers auf innere und äußere Faktoren bestimmen. Sie hängt davon ab, ob eine, zwei oder alle drei Bioenergien den Organismus dominieren.

Es gibt drei Gruppen:
- **Singulär** (eine Bioenergie dominiert): Vata-Typ, Pitta-Typ, Kapha-Typ
- **Dual** (zwei Bioenergien dominieren): Vata-Pitta-Typ, Pitta-Kapha-Typ, Vata-Kapha-Typ
- **Trial** (alle drei Bioenergien sind ausgeglichen): Tridosha-Typ

Alle Maßnahmen zur Gesundheitsvorsorge oder Therapie basieren im Ayurveda auf der Konstitution einer Person. Es gibt verschiedene Lebensumstände, die das konstitutionelle Bild verfälschen können. Aus diesem Grund sollten Sie die Fragen im folgenden Test in Bezug auf den Zustand beantworten, den Sie als normal empfinden. Kreuzen Sie die Antwort in der Spalte an, die Ihre Eigenschaften möglichst treffend beschreibt. Wenn zwei oder drei Antworten zutreffen, dann markieren Sie alle drei. Addieren Sie zum Schluss die Markierungen. Die Auswertung gibt Ihnen bekannt, zu welchem Typ Sie gehören.

Welcher Konstitutionstyp bin ich?

	Eigenschaften 1	Eigenschaften 2	Eigenschaften 3
Körperbau, Körpergröße	schlank, hochgewachsen oder sehr klein	mittelgroß, mit regelmäßigen Konturen	untersetzt und kräftig oder groß und kräftig
Schultern	schmal	mittel	breit
Hände und Finger	schmal, lang, leicht unregelmäßig	mittelgroß, sehr regelmäßig	breit, regelmäßig, eher kurz
Handgelenke	schmal	mittel	breit
Gelenke	gut sichtbar, nicht kräftig	mittlere Stärke	groß, kräftig
Füße	unregelmäßig, schmal, eher lang	sehr regelmäßig, klein bis mittelgroß	breit, regelmäßig
Haut	trocken, kalt, Venen gut sichtbar	fein, warm, Sommersprossen, Muttermale	weich, feucht, kühl
Haare	dünn, trocken, mittlere Dichte, mittelhoher	seidig, leicht fettig, hoher Haaransatz Haaransatz	dick, weich, dicht, leicht ölig, niedriger Haaransatz
Nägel	dünn, länglich, leicht unregelmäßig	dünn, mittelstark und -groß, regelmäßig, rosa	dick, breit, regelmäßig, weiß
Augen	unruhig, trocken, schmal	durchdringend, feucht, mittelgroß	ruhig, feucht, groß

Fortsetzung nächste Seite

Welcher Konstitutionstyp bin ich?

	Eigenschaften 1	Eigenschaften 2	Eigenschaften 3
Zähne	unregelmäßig, von unterschiedlicher Größe	regelmäßig, von mittlerer Größe	regelmäßig, groß
Zunge	dünn, schmal, dunkleres Rosa	mittelstark, weich, rosa bis rot	dick, breit, feucht, hellrosa
Appetit	unregelmäßig, isst wenig oder übermäßig	stark, isst viel	gering, isst wenig
bevorzugte Nahrung	warm, süß, sauer, salzig	kalt und warm, süß, bitter	warm, würzig, leicht
Verdauung	unregelmäßig	schnell	träge
Durst	wechselnd, trinkt mittel	groß, trinkt viel	gering, trinkt wenig
Stuhlgang	hart, wenig, kleine Stücke, Neigung zu Verstopfung	weich, gelblich, moderate Menge, Neigung zu Durchfall	geformt, viel, regelmäßig, nicht oft, aber nicht verstopft
Urin	wenig, öfter	viel, starker Geruch, öfter	viel, hell, nicht oft
Schweiß	wenig	stark	moderat
Körpergeruch	keiner	unangenehm	angenehm
Sprache	leise, redet gern	hohe Stimme, selbstbewusst	moderat, melodiöse Stimme
Schlaf	wenig, leicht, unterbrochen	mittel, Schwierigkeiten beim Einschlafen	tief, lang
Sexualität	zwischen sehr entsagt bis extrem aktiv schwankend	aktiv, leidenschaftlich	stark, ausdauernd
Gewicht	gering	mittel, kann zu- und abnehmen	gut, nimmt leicht zu
Summe			

Auswertung des Konstitutionstypen-Tests auf den Seiten 13/14

- Wenn die Spalte »Eigenschaften 1« die meisten Punkte aufzeigt, haben Sie eine Vata-Konstitution.
- Wenn die Spalte »Eigenschaften 2« die meisten Punkte aufzeigt, haben Sie eine Pitta-Konstitution.
- Wenn die Spalte »Eigenschaften 3« die meisten Punkte aufzeigt, haben Sie eine Kapha-Konstitution.
- Wenn Sie bei »Eigenschaften 1« und »Eigenschaften 2« gleich viele und am meisten Punkte haben (+/−2 Punkte), haben Sie eine Vata-Pitta-Konstitution.
- Wenn Sie bei »Eigenschaften 1« und »Eigenschaften 3« gleich viele und am meisten Punkte haben (+/−2 Punkte), haben Sie eine Vata-Kapha-Konstitution.
- Wenn Sie bei Spalten »Eigenschaften 2« und »Eigenschaften 3« gleich viele und am meisten Punkte haben (+/−2 Punkte), haben Sie eine Kapha-Pitta-Konstitution.
- Wenn alle drei Spalten gleich viele Punkte aufzeigen (+/−2 Punkte), haben Sie eine Tridosha-Konstitution.

Beschreibung der sieben somatischen Konstitutionstypen

- **Der Vata-Typ**

Er besitzt einen feinen, leichten Körperbau, geringere Ausdauer, geht Dinge schnell und mit Begeisterung an, ist aktiv, kreativ, hat einen Hang zum Mystischen und Asketischen, eine schnelle Auffassungsgabe und das beste Kurzzeitgedächtnis, ist eigentlich ein guter Esser – hat aber meistens Wichtigeres zu tun, hasst Kälte und liebt Hitze.

- **Der Pitta-Typ**

Dieser Typ besitzt ausgeglichene körperliche Strukturen, mittlere Ausdauer und ein mittelgutes Gedächtnis, ist zielstrebig, unternehmungslustig, mutig und mit Hang zu Ungeduld, hat ein Flair für Technik und Analytik, starken Hunger, kann Mahlzeiten schlecht ausfallen lassen, hat eine Abneigung gegen intensive Hitze, ist kritisch und emotional.

- **Der Kapha-Typ**

Dieser Typ hat einen kräftigen Körperbau, gute Ausdauer, geht Dinge methodisch und ohne Eile an, ist schwer aus der Ruhe zu bringen und zu bewegen, besitzt das beste Langzeitgedächtnis, geringen Hunger, langsame Verdauung, hat Neigung zu glatter, heller Haut, kräftigem Haar und ist tolerant gegenüber Hitze und Kälte.

- **Der Vata-Kapha-Typ**

Dieser Typ ist meist groß und athletisch, besitzt einen starken Bewegungsdrang, sucht die Wärme, hat – wenn in Bewegung – einen guten, sonst eher mäßigen Appetit, ist sehr sensibel, obwohl die Umwelt diesem »Riesen« das nicht zutraut, hat sowohl eine schnelle Auffassungsgabe als auch ein gutes Gedächtnis.

- **Der Vata-Pitta-Typ**

Er hat eine mittlere bis große Statur und ist schlank, kreativ, extrem sensibel, nimmt die Welt intensiv wahr und lebt ebenso intensiv – oft bis zur völligen Erschöpfung, kann viel essen, ohne zuzunehmen, interessiert sich grundsätzlich für alles, ist sportlich und kommt oft nicht zu Ruhe.

- **Der Pitta-Kapha-Typ**

Dieser Typ besitzt eine gute Grundimmunität, hat eine stabile Struktur, aber auch ein feuriges Temperament, bewegt sich mäßig bis wenig, isst gerne gut und viel, was sich beim Gewicht zeigt, mit etwas Einsatz kann er aber schnell wieder abnehmen, ist herzlich, aber manchmal etwas unbeweglich.

- **Der Tridosha-Typ**

Er hat in sich alle drei Faktoren gleich verteilt, damit ist er sehr ausgeglichen, besitzt eine gute Immunität – körperlich wie geistig –, auch die körperlichen Strukturen sind sehr harmonisch, er verträgt jede Art von Einseitigkeit überhaupt nicht.

Nun, da feststeht, welcher Konstitution Sie zugehören, können Sie die Empfehlungen betreffend Ernährung, Lebensstil und Selbstbehandlungen optimal auf Ihre Bedürfnisse abstimmen. Damit erreichen Sie mit wenig Aufwand maximalen Nutzen.
Meine Empfehlungen für die einzelnen Konstitutionstypen finden Sie ab Seite 21.

Wie ich mich fühle – die innere Welt

In der Ayurveda gehen wir davon aus, dass die Psyche und die Sinnesorgane die Bindeglieder zwischen Körper und der Seele sind und dass die psychischen Funktionen die Prozesse des Denkens, Fühlens und Wollens sowie die Fähigkeit zu differenzieren beinhalten. Das lässt folgende Schlüsse zu: Ich habe ein Gefühl – bin aber nicht das Gefühl, ich habe einen Gedanken – bin aber nicht dieser Gedanke, und ich habe diesen Körper – bin aber nicht dieser Körper. Ich bin derjenige, der Gefühle, Gedanken und Körper wahrnimmt!
Das hat wichtige Konsequenzen in der Bewältigung von Stress oder Krankheit. Wenn ich einen Gedanken wahrnehme, so kann ich entscheiden, will ich oder will ich nicht. Bei intensiven Gefühlen oder starken Schmerzen wird

Die erste Krankheit ist – laut Buddha – der Umstand, dass wir den Körper und die Psyche als das Selbst betrachten.

es zunehmend schwieriger. Aber das Prinzip bleibt trotzdem erhalten. Ich kann darauf eingehen oder nicht. Ein unerwartetes Glücksgefühl kann die Folge dieser Einsicht sein. Das meinen die Buddhisten, wenn sie davon sprechen, Leid sei eine Illusion und beruhe auf Mangel an Erkenntnis. Viel Gram kann auf diese Art und Weise vermieden werden. Der Charakter jedes Menschen oder die psychische Konstitution ist, genau wie die körperliche Grundkonstitution, ein fester Wert und zeigt unsere emotionale Reaktionsbereitschaft. In der Ayurveda unterscheiden wir drei Hauptgruppen mit verschiedenen Untergruppen. Die Tabelle zeigt eine einfache Darstellung der drei psychischen Konstitutionstypen. In der Praxis finden sich allerdings nur Mischformen.

Wichtig für Ihre Gesundheit ist, dass ein Entfernen aus Ihrer emotionalen Grundkonstitution zu einem »unrunden« Gefühl und damit zu einer Beeinträchtigung Ihrer psychischen Immunität führt. Wenn sich jemand ständig zurücknimmt, obwohl ihm sein Gefühl deutlich sagt, ich möchte eigentlich emotionaler reagieren, ist er schon aus seinem gesunden psychischen Gleichgewicht gerutscht. Bewerten Sie anhand der Angaben in der Tabelle unten, wie Sie in der Regel mit sich und der Umwelt umgehen. Wenn Sie dieses Buch in Händen halten, können Sie schon davon ausgehen, dass Sie zur gesundheitsbewussten Gruppe von Sattva gehören. So gilt es nur noch, die Rajas- und Tamas-Anteile in Ihrem Leben zu bewerten – schon bekommen Sie ein Bild Ihrer charakterlichen Konstitution.

Die drei psychischen Konstitutionstypen

Psyche	Umgang	Ambitionen	Ideale	Adjektive
Sattva: der ruhige, glückliche Typ	bewusster Umgang mit eigener Gesundheit, Umwelt und Mitmenschen	kein starkes Streben nach materiellen Dingen und Anerkennung	spirituelle Interessen	in sich selbst ruhend, hell, offen, fröhlich, zufrieden, sanftmütig
Rajas: der emotionale, aktive Typ	bewusster Umgang mit eigener Gesundheit, Umwelt und Mitmenschen, aber nur wenn überzeugt (vom Nutzen)	starkes Streben nach materiellen Dingen und Anerkennung	spirituelle Interessen mit Hang zum Missionieren	ichbezogen, zielstrebig, mutig, brillant, aktiv, ruhelos, direkt, kritisch, ärgerlich
Tamas: der apathische Typ	ignorant gegenüber eigener Gesundheit, Umwelt oder Mitmenschen	lethargisch und uninteressiert	keine spirituellen Interessen	ängstlich, unentschlossen, traurig, depressiv

Gesundheitspflege & Immunfitness mit Ayurveda

Investieren Sie in Ihre Gesundheit und nicht in Krankheit! Nutzen Sie Ihre Zeit und finanziellen Mittel für die eigene Gesundheit. Denn wenn Sie mit einem Burnout oder Herzinfarkt in der Klinik landen, sind alle Ihre Pläne hinfällig.

So erhalten Sie die eigene Gesundheit

Ich spreche bewusst von »Gesundheitspflege« und nicht von »Wellness« oder »Prävention«. Mit Wellness verbinden viele das Bild von einem schicken Hotel. Das ist Luxus – man kann ihn annehmen und genießen oder auf ihn verzichten. An der Pflege der eigenen Gesundheit aber kommt niemand vorbei. Der Organismus versucht ständig, falsches Essen und Benehmen auszugleichen. Woher schöpft er Kraft dazu? Aus dem, was als Immunität bezeichnet wird. Sie entsteht aus der Summe der körperlichen und geistigen Reserven. Ziel dieses Kapitels ist zu lernen, wie wir das »Immunitätskonto« wieder auffüllen.

Die Anwendungen für die Immunfitness und wie sie wirken

- **Ernährung**
Sie bildet neues Gewebe und ist die Grundlage für den Energiestatus und die körperlich-geistige Immunität.

- **Bewegung**
Eine über die normalen Körper- und Lebensverrichtungen hinausgehende Muskelaktivität verbessert die Organfunktionen, den Energiestoffwechsel und aktiviert darüber hinaus das Hormon- und Immunsystem.

- **Rhythmus**
Rhythmusgeber stabilisieren den Organismus und die Immunität: Es sind dies beispielsweise tageszeitliche, jahreszeitliche Rhythmusgeber, solche in Bezug auf die jeweilige Lebensphase, berufliche Tätigkeiten, der Schlaf-wach-Rhythmus, zur Ruhe finden und viele mehr.

- **Ordnungstraining**
Ein Gesundheitstraining, psychohygienische und psychosoziale Maßnahmen steigern die Selbstkompetenz und den Selbstwert.

- **Eigenbehandlung**
Hierbei kommt die abhärtende Wirkung von Bädern, Wickeln, Güssen, Eigenölmassagen, Packungen, Heilquellen, Trinken, Inhalieren u. v. m. zum Tragen.

- **Heilsubstanzen**
Das Immunsystem wird durch den Einsatz von Heilpflanzen, Mineralien, Edelmetallen, Symbolen und Riten geschützt und in seiner Funktion gestärkt.

- **Klima & Raum**
Das Immunsystem wird durch bestimmte Klimazonen (am Meer, im Gebirge, warme oder kalte Temperaturen) und Raumqualitäten (Vastu) stimuliert.

- **Partnerschaft, Beruf & Bestimmung**
Der Immunstatus wird durch eine erfüllte Sexualität und durch das Leben der eigenen Bestimmung – im Alltag wie im Beruf – deutlich verbessert.

Meine Empfehlungen für Vata-Konstitutionen

Vata-Menschen besitzen eine schnelle Auffassungsgabe, entscheiden flink, voll Enthusiasmus, verzetteln sich aber oft, weil sie einfach zu viele Sachen auf einmal machen wollen. Sie sind eher schlank, immer in Bewegung, lieben das Reisen und für sie kann es nie warm genug sein. Sie brauchen den Blick auf das Wesentliche und die Kräfte von Erde und Wasser, um Ausgleich zu finden.

Die ideale Ernährung für Vata-Typen

Die wichtigsten Eigenschaften einer Vata ausgleichenden Ernährung lassen sich mit den Begriffen »warm, befeuchtend, nährend und beruhigend« beschreiben. Drei regelmäßige und warme Mahlzeiten pro Tag sind Pflicht. Die großen Fehler für diesen Ernährungstyp sind unregelmäßiges, kaltes, bitteres, austrocknendes und leichtes Essen.

Frühstück
- Das Frühstück bildet die erste Hauptmahlzeit. Ein warmer Getreidebrei aus Reis- oder Weizenflocken mit Ghee (eingesottene Butter), Milch oder Sahne und Vollrohrzucker, dazu ein Früchtekompott mit Bananen, Birnen, Äpfeln und eingeweichten Trockenfrüchten oder frische süße Früchte wie Trauben, Mango oder Papaya sind empfehlenswert.
- Anregende Getränke wie Kaffee oder Tee kommen für diesen Typus nicht infrage. Ideal sind Malzgetränke wie ein schmackhafter Getreidekaffee oder ein gesüßtes Joghurtgetränk.
- Eine große Tasse heiße Milch, gewürzt mit Safran, Kardamom, geriebenen Mandeln, Pistazien und Rohrzucker, ist ebenfalls sehr gut für ein Vata-Frühstück.
- Dazu eignet sich ein ayurvedisches Aufbaumittel wie Amalaki-Fruchtmus (Chyavanprash).

Mittagessen
- Ein leicht verdauliches, aber gut nährendes Mittagessen mit viel Reis oder Teigwaren, garniert mit milden Gemüsearten wie beispielsweise Karotte, Fenchel, Aubergine, Kürbis, Kohlrabi oder Zucchini, ist sehr zu empfehlen. Davor kann eine nahrhafte Suppe serviert werden. Ein süßes Dessert und fruchtiges Chutney runden die vollwertige Mahlzeit ab.
- Als tierische Eiweißquelle eignen sich Frischkäse aller Arten, Fisch, Meeres-

> **Hinweis**
> Die Rezepturen und Anleitungen zu den einzelnen Empfehlungen finden Sie im Kapitel »Behandlungen zur Gesundheitspflege« ab Seite 66.

früchte, Lamm oder Huhn. Vata-Menschen, die sich vegetarisch ernähren, können auf Hülsenfrüchte nicht verzichten und müssen entsprechend blähungswidrig würzen.
- Roher Salat ist kein gutes Nahrungsmittel für Vata. Besser ist ein kleiner Salat aus gekochtem Gemüse. In der warmen Jahreszeit kann ein kleiner frischer Salat mit reichlich Öl, Essig, Nüssen oder Kernen serviert werden.

Abendessen
- Eine warme Suppe, ein Eintopf, Kartoffeln, Teigwaren, süßes Gemüse mit beruhigenden Gewürzen und etwas Ghee nährt Leib und Seele von Vata am Abend.
- Crêpes, Omelettes oder Palatschinken, süß oder würzig, lässt Ihnen viel Spielraum für eine kreative Küche.
- Vor dem Schlafen besänftig eine Tasse heiße Gewürzmilch mit einem Teelöffel Ghee oder Leinöl überschüssiges Vata.

Sonstiges
- Für Vata-Typen ist Naschen zwischendurch erlaubt: am Vormittag eine Obstmahlzeit und am Nachmittag einen wärmenden Chai (gewürzter Tee) mit einer leckeren Mehlspeise.
- Empfehlenswerte Gewürze für Vata sind Asant (Ferula assa-foetida), Knoblauch, Muskat, Kardamom, Fenchel, Kümmel, Koriander, Kreuzkümmel, Basilikum, Rosmarin, Thymian, Oregano, Majoran und Meersalz.
- Während der Mahlzeit sollen Vata-Menschen geringe Mengen trinken, z. B. ein Glas Rotwein oder warmes Wasser, und während des Tages öfter größere Mengen warmen Kräutertees, die beruhigend und wärmend wirken.
- Heißem Ingwertee oder heißem Wasser soll immer ein Löffel Sahne, Milch oder Sojamilch beigefügt werden, um seiner austrocknenden Wirkung entgegenzuwirken.

Süßkartoffeln mit Rosmarin und Knoblauch sind ideal für Vata-Typen.

Die ideale Lebensweise für Vata-Typen

Sport und Bewegung
- Vata-Menschen sind ständig in Bewegung und brauchen eher Schonung als Sport.
- Dehnende und ausgleichende Yogahaltungen sowie meditative Praktiken sind sehr wichtig.
- Sicher nicht infrage kommen Sportarten wie Joggen oder Radfahren. Dabei wird viel zu viel Wind generiert.

Gesundheitspflege
- Genügend Schlaf und regelmäßige Regenerationsphasen sind ein Muss für Vata-Menschen.
- Trinken Sie vor dem Schlafengehen noch eine Tasse heiße Gewürzmilch oder etwas anderes Warmes und Nährendes.
- Von Ölbehandlungen in jeder Form profitiert die Vata-Konstitution mehr als alle anderen. Zweimal in der Woche oder noch besser jeden zweiten Tag können Sie eine Salbung mit Vata-Öl durchführen. Wenn die Zeit einmal nicht reicht, dann kann das Vata-Öl ins heiße Badewasser gegeben werden. Öl gehört auch in die Nase, zum sogenannten Ölziehen in die Mundhöhle und ein kleiner Öleinlauf (einmal pro Woche mit 40 Milliliter Sesamöl) bietet Schutz für alle Organe.
- Vata-Menschen lieben die Wärme und so auch jede Form der Schwitzbehandlung. Aus der Sauna oder noch besser dort, wo feuchte Hitze herrscht, kriegt man sie gar nicht raus. Ein rasches Abkühlen mit kaltem Wasser kommt nicht infrage, denn schnelle und große Wechsel vertragen sie nicht.

Kleidung, Farben, Düfte und Schmuck
- Warme Kleidung in warmen und erdigen Farben, das Tragen von Goldschmuck und Steinen wie Rubin, Topas, gelbem Saphir, Amethyst oder roter Koralle unterstützen und schützen den Vata-Typ.
- Düfte von Hölzern, Harzen und Wurzeln sowie Heilkräuter wie beispielsweise

Beziehungen
Wo die Liebe hinfällt, weiß man nie. Es gibt zur Partnerschaft zwei konträre Thesen: Vögel mit gleichen Federn fliegen zusammen und Gegensätze ziehen einander an. Deshalb möchte ich hier nur anmerken, dass, wenn sich zwei Menschen mit dominierendem Vata treffen, ein erdender Ausgleich bewusst gelebt werden muss. Idealer ist, wenn Vata-Typen mit einer anderen Konstitution, die kein Vata enthält, zusammenleben.

Johanniskraut und Basilikum dienen als ideale Schutzschilder für Vata.

Wohnen und arbeiten
- Ein Großraumbüro ist ein schrecklicher Arbeitsort für Vata. Die Berufsausübung soll auch nicht mit außerordentlicher Hektik und Reisen verbunden sein.
- Zu Hause sucht ein Mensch mit Vata-Struktur Wärme und Geborgenheit, die sie oder er im Südwesten und Süden des Hauses findet. Erdig-warme Farbtöne und Weichheit sollen den Ton angeben.

Psyche
- Vata-Menschen müssen lernen, Ziele konsequent zu verfolgen und sich nicht durch zahllose Optionen verwirren zu lassen.
- Pläne und der Weg zu ihrer Verwirklichung sollten klar formuliert werden.

Meine Empfehlungen für Pitta-Konstitutionen

Der Pitta-Typ neigt oft dazu, sich im Vertrauen auf seine exzellenten kämpferischen Fähigkeiten mitten in das Schlachtgetümmel zu stürzen. Dabei sind das Schild und die Rüstung ebenso wichtig wie ein geschickt geführtes und scharfes Schwert. Sie brauchen die hohen Zinnen einer Festung, in die sie sich zurückziehen, ihre Wunden pflegen und verdientem Luxus frönen können.

Die ideale Ernährung für Pitta-Typen

Kühlende, bittere und süße Nahrungsmittel bieten den idealen Ausgleich. Hingegen müssen salzige, saure und scharfe Speisen unbedingt gemieden werden. Paradebeispiele für Pitta-schädliche Lebensmittel sind Gepökeltes, Wurst, gereifter Käse, in Öl Gebackenes, Essig, Alkohol und Kaffee.

Frühstück
- Der Pitta-Mensch ist bereits am Morgen sehr hungrig. Ich empfehle ihm frische Waffeln oder Getreidebrei aus Haferflocken, Dinkel und Weizen, mit Ghee, Rohrzucker und süßen Früchten zubereitet.
- Vollkorntoast mit Butter, Honig, Olivenöl, Frischkäse, ein paar Nüssen, einer Scheibe Gurke oder frischen Kräutern – dies sind nur ein paar wunderbar schmeckende Möglichkeiten.
- Bei wirklich starkem Appetit darf der Pitta-Typ sogar ein Müsli verzehren, wobei auf keinen Fall Milchprodukte mit Äpfeln oder anderen frischen Früchten außer Bananen vermischt werden dürfen.
- Warme Milch mit Safran, Kardamom und ayurvedische Aufbaumittel wie Amalaki-Fruchtmus (Chyavanprash) schenken Energie für den ganzen Tag. Empfehlenswert sind auch grüner oder weißer Tee, ein kleiner, frisch gepresster Saft aus vorwiegend süßen Früchten oder Grapefruit sowie Getreidekaffee.

Mittagessen
- Das Mittagessen ist die wichtigste Mahlzeit für Pitta. Das Menü ähnelt leichter mediterraner Kost. Reichlich Kohlenhydrate in Form von Reis oder Pasta sollten es sein. Falls Fleisch konsumiert wird, sollte es mageres Muskelfleisch sein: Huhn oder Lamm und etwas Fisch – ohne Fett zubereitet vom Grill oder aus dem Backofen.
- Vegetarisch lebende Pitta-Typen müssen Proteine aus anderen Quellen schöpfen: deshalb Milchprodukte wie Ghee, Sahne und Frischkäse sowie Hülsenfrüchte täglich mehrmals auf den Tisch bringen.
- Viel frisches und grünes Gemüse, das im Wok mit etwas Ghee leicht blanchiert und nur mild gewürzt wird, sowie jede Menge frischer Kräuter runden das Pitta-Essen ab.

- Pitta ist ein Typ, der viel frischen Salat essen soll. Dabei muss er aber auf üppige Saucen und auf mehr als einen Hauch Essig verzichten.
- Der süße Nachtisch ist für Pitta-Menschen ein absolutes Muss. Lassen Sie sich aber nicht auf die fantasielosen Desserts aus der Tiefkühltruhe der gängigen Gastronomie ein. Bestehen Sie auf einer Crème brûlé oder wenigsten auf einem kleinen Stück frischen Kuchen.

Abendessen

- Am Abend sind alle Wurzelgemüse, Kartoffeln und Getreide (außer Gerste, Roggen und Buchweizen) hilfreich, um den Körper zu nähren und zu entsäuern.
- Ein Weizen-, Mais- oder Dinkelbrot, kurz getoastet, um den bei frischem Brot meist noch aktiven Fermentierprozess zu stoppen, mit Butter, Frischkäse und Marmelade und mit genügend Flüssigkeit eingenommen, eignet sich perfekt für das Pitta-Abendbrot.

Pitta-Konstitutionen vertragen Salate mit frischen Kräutern, aber wenig Essig.

- Wenn Sie zum Essen ein Glas Wein wünschen, dann darf es kein saurer sein. Besser sind ein Glas Bier oder frisches Wasser.
- Während des Tages sollten Pitta-Menschen öfter größere Mengen normal temperierten Wassers oder mild-bittere und süße Kräutertees trinken.

Sonstiges

- Empfehlenswerte Gewürze für Pitta sind alle frischen grünen Kräuter, allen voran Koriander, Petersilie, sowie Salbei, Minze, Melisse, Fenchel, Kümmel, Kreuzkümmel, Kurkuma, Safran, Mohnsamen, Gewürznelken und dazu möglichst wenig Steinsalz.
- Während der Mahlzeit soll gerade so viel getrunken werden, dass im Magen ein homogener flüssiger Nahrungsbrei entsteht.

Die ideale Lebensweise für Pitta-Typen

Sport und Bewegung

- Beim Sport trifft das Stichwort »Leichtathletik« den Kern: Leichte und regelmäßige sportliche Tätigkeit sind ideal. Anstatt alleine durch die Gegend zu joggen, üben Sie lieber den Wettkampf wie bei Tennis, Squash u. Ä.

- Asiatische Kampfsportarten sind ein wunderbares Ventil, um Aggressionen abzubauen und gleichzeitig den Geist zu schulen.
- Für Pitta-Typen ist Yoga ein ideales Instrument, wobei Übungen, die die unteren Chakras (Energiezentren) aktivieren, angezeigt sind, was ihre Kopflastigkeit kompensiert.

Gesundheitspflege

- Die Tendenz, sehr spät ins Bett zu gehen und auch spätabends noch üppig zu essen, muss reguliert werden.
- Die wichtigste Eigenölbehandlung ist das regelmäßige Auftragen von Ölen auf das Haupt. Dort sammelt sich bei dieser Konstitution das Pitta am stärksten an und führt zu frühem Ergrauen, Glatzenbildung, Haarausfall und Reduktion der Sehkraft. Deshalb massieren Sie vor jeder Haarwäsche, aber mindestens zweimal die Woche Bhringa- oder Pitta-Öl in die Kopfhaut und lassen es für mindestens 15 Minuten und maximal eine Stunde einwirken.
- Eine Ganzkörpersalbung mit Pitta-Öl empfehle ich einmal die Woche. Regelmäßiges Ölziehen schützt vor der Pitta-Tendenz zu blutendem Zahnfleisch, Mundgeruch, Eitertaschen und Aphthen.
- Intensive Schwitzbehandlungen wie Sauna sind für Pitta nicht geeignet. Besser verträgt der Pitta-Typ die wohlig milde Wärme im Tepidarium oder in einer Infrarotkabine.
- Heilkräuter wie Frauenmantel, Schafgarbe und Enzian sind blutreinigend und schützen empfindliche Organe wie die Leber.

Kleidung, Farben, Düfte und Schmuck

- Atmungsaktive Wäsche und Kleidung in kühlenden, besänftigenden Farben und aus natürlichen Materialien wie Seide oder Baumwolle sind für die stark transpirierenden Pitta-Typen wichtig.
- Süße kühlende Parfüms wie Jasmin, Rose, Sandelholz oder Vetiver (Kuskusgras) sowie Schmuck aus Silber oder Weißgold und Steine wie Rosenquarz, Perlen, Mondstein, Aquamarin, Wasseropal und Smaragd passen ideal zu diesem Typ.

Wohnen und arbeiten

- Schwierigkeiten zu meistern ist für Pitta-Menschen eher Sport als Mühe. Sie können recht gut mit Konflikten umgehen. Der berufliche Weg ist oft durch eine Führungsrolle gezeichnet, wobei die eher technisch-kreative Begabung zum Einsatz kommen sollte.
- Im häuslichen Bereich sucht sich der Pitta-Typ den kühlen Nordosten. Er braucht kühle bis schwere Farben, Wasser, schöne Dinge oder oft auch kühle, gestylte Räume.

Beziehungen

In der Partnerschaft tun Pitta-Menschen gut daran, eher mit einen Partner mit Pitta in der Konstitution zusammenzugehen. Es wird dann zwar öfter Funken sprühen, aber jemand anderen als einen Pitta-Partner können sie nur mit Mühe akzeptieren.

Meine Empfehlungen für Kapha-Konstitutionen

Die milde Trägheit des von Kapha dominierten Menschen setzt sich auch in seiner Lebensweise fort. Dem wollen wir mit Ernährungs- und Lebensweise entgegenwirken.
Die guten Eigenschaften bei Kapha sind Ausdauer und Geradlinigkeit. So gewinnt beim Rennen zwischen Schildkröte und Hase immer die zwar langsamere, aber beständige Schildkröte.

Die ideale Ernährung für Kapha-Typen

Bei dieser Konstitution gibt es leider wenig Toleranz für Abweichungen. Ayurveda empfiehlt eine leichte und anregende Kost, die den ganzen Organismus in Schwung bringt. Alle Nahrungsmittel mit einer scharfen, leichten, austrocknenden, bitteren und erhitzenden Komponente wirken besonders effektiv und schenken dem phlegmatischen Kapha-Organismus ungeahnte Energie und Lebensfreude.

Frühstück
- Das Frühstück sollen Sie so früh oder so spät wie möglich einnehmen, d. h. vor 7 oder nach 9 Uhr.
- Heißes Ingwerwasser, eine Reiswaffel, ein kleiner Gerstenflockenbrei mit einem wirklich würzigen Kompott aus Trockenfrüchten oder ein Toast mit einem Hauch von Butter und Honig genügen dem trägen Kapha als Starter in den Tag. Hier ist ein Typ, der auch die anregende Wirkung eines Schwarz- oder Grüntees, ja sogar eines Espressos oder kleinen Schwarzen verträgt – alles natürlich ohne Zucker und Milch.

Mittagessen
- Auch Kapha-Menschen benötigen die Ernährungsbausteine Kohlenhydrate, Proteine (Eiweiß) und Fette, aber in reduzierter Menge!
- Wenn möglichst viele verdauungsanregende Gewürze eingesetzt werden, können diese lebensnotwendigen Speisen ohne negative Folgen verzehrt werden.
- Zu bevorzugen sind alle grünen und bitteren Gemüsearten wie Spinat, Mangold, grüne Bohnen, Brennnessel, Giersch und alle Kohlarten.
- Die Zubereitung soll mit wenig Saft, Wasser und Öl (Sesam- oder Olivenöl), hingegen mit viel frischem Ingwer und grünem Chili sowie anderen anregenden Gewürzen und Kräutern erfolgen.
- Ideale Kohlenhydrate sind Reis und Gerste, weil sie leicht entwässernd wirken.
- Leichte Hülsenfrüchte wie Mungbohnen und ein scharfes Chutney runden den Hauptgang ab.
- Für Fleischesser bieten sich nur die ganz mageren Fleischarten wie Hase, Geflügel und weißer Fisch an – ohne fette Saucen und scharf gewürzt.

Leichte, warme und würzige Gerichte in ansprechendem Ambiente sättigen Kapha-Gourmets.

- Die Frage des Nachtisches kann kritisch werden. Es ist besser, nach kreativen Lösungen zu suchen, als ganz darauf zu verzichten. Ideal wäre ein kleines Glas gewürzte Buttermilch. Aber das ist nicht jedermanns Sache. Vielleicht ein paar Trockenfrüchte, eine Rotweinbirne mit Honig gesüßt, ein Granatapfel oder leicht gedämpfte Birnen, Äpfel oder Aprikosen.
- Ein Verdauungsspaziergang nach der Hauptmahlzeit ist dringend angeraten.

Abendessen

- Ein Eintopf, Kartoffeln aus dem Ofen oder gut gewürztes Gemüse eignen sich für die Abendmahlzeit.
- Weiter empfehlenswert sind leichtes getoastetes Roggen- oder Buchweizenbrot mit Magerfrischkäse und frischen Kräutern oder Honig und dazu ein anregender Gewürztee.

Sonstiges

- Meiden Sie alle Zwischenmahlzeiten. Fallen Sie nicht auf den plumpen Trick der Nahrungsindustrie herein, die Ihnen Genuss ohne Kalorien verspricht.
- Wenn der Hunger zu mächtig wird, kann ein grüner Tee mit wenig Trockengebäck sehr beruhigend wirken.
- Abendmahlzeiten um oder nach 20 Uhr sollten unbedingt vermieden werden.
- Ideale Gewürze für die Kapha-Kost sind schwarzer Pfeffer, Ingwer, grüner Chili, Paprika, Rosmarin, Thymian, Basilikum, Salbei, Oregano, Schnittlauch, Majoran, Knoblauch, Zimt, Kurkuma, Senfsamen, Anis und möglichst geringe Mengen von Steinsalz.
- Was die Getränke betrifft, kann der Kapha-Typ nicht allzu große Mengen heißen Wassers, herb-bittere und würzige Tees oder zum Essen ein kleines Glas trockenen Weißwein oder Champagner trinken.

Die ideale Lebensweise für Kapha-Typen

Sport und Bewegung

- Die kräftige Struktur von Kapha-Typen muss regelmäßig und kräftig bewegt und der Kreislauf herausgefordert werden.
- Krafttraining, Radeln, Nordic Walking, Schwimmen, aber auch intensives Yoga sind gute und sichere Möglichkeiten, um Kapha und damit auch das Gewicht unter Kontrolle zu bringen.
- Beim Yoga helfen insbesondere Haltungen mit Kraftaufwand sowie die Atemübungen.

Gesundheitspflege

- 8 Uhr morgens und abends sowie kaltes und feuchtes Wetter und die Zeit unmittelbar nach der Nahrungsaufnahme sind stark von Kapha dominiert. Hier müssen alle Kapha fördernden Aktivitäten wie Schlaf, üppige Mahlzeiten, Inaktivität u. Ä. vermieden werden.
- Die Gegenmaßnahmen sind frühes Aufstehen, das Vermeiden von Tagesschlaf, ein Spaziergang nach dem Essen, Ausgehen und ein möglichst aktives, stimulierendes Leben. Soziale Kontakte knüpfen und pflegen, ständig die geistige und körperliche Bewegung fördern, so lautet das Motto für Ihre Gesundheit.
- Kapha-Typen profitieren besonders von einem sinnlichen und aktiven Sexualleben.
- Fasten jedes Frühjahr ist die ideale Reinigungsmethode für Kapha-Menschen und ein regelmäßiger Verzicht auf die Abendmahlzeit, z. B. zweimal in der Woche, hält ihr Gewicht in Schach.
- Öle nähren, auch wenn sie auf die Haut aufgetragen werden, und so sollte eine Eigenölbehandlung nur einmal die Woche mit einem Kapha besänftigenden Körperöl stattfinden und von einem Schwitzbad mit trockener Hitze begleitet sein.
- Auf den Kopf gehört das Kapha-Öl nicht – außer bei einer Erkältung – und so soll auch der Kapha-Mensch ein spezielles Kopföl wie Bhringa verwenden.
- Peelings und heiße Bäder mit anregenden Kräuteressenzen sind ideal, um das Feuer im Gewebe zu entfachen und Blockaden zu lösen.

Beziehungen

Kapha-Typen sind zwar treue, anhängliche Partner, aber oft etwas leidenschaftslos. Gut, wenn Wind und Feuer vom Gegenüber mit in die Partnerschaft eingebracht oder bewusst gelebt werden.

Kleidung, Farben, Düfte und Schmuck

- Sie tragen idealerweise Kleidung mit stimulierenden Farbtönen und atmungsaktiven Materialien wie Baumwolle oder Seide.
- Als Schmucksteine eignen sich besonders gut der feurig rote Rubin, die rote Koralle oder der Granat und als Edelmetall möglichst reines Gold.

Wohnen und arbeiten

- Die Südost- und die Südwestseite eines Hauses oder Wohnung bergen genug Wärme für den feuerarmen Kapha-Typ.
- Die Farben im Wohnbereich dürfen sich von hell-freundlich bis feurig-stimulierend bewegen.
- Sitzende Berufe und Berufe, bei denen Sie feuchter Kälte ausgesetzt sind, sollten tunlichst vermieden werden.

Psyche

- Sie sind der Fels in der tobenden Brandung, an den sich viele klammern. Das bringt Ihnen zwar viele Freunde, zehrt aber an Ihren Kräften und mit zu viel Anhang im Schlepptau kommt man schwer weiter.

Meine Empfehlungen für Vata-Pitta-Konstitutionen

Bei diesem Konstitutionstyp kommen Wind und Feuer zusammen und das ergibt Menschen, die das Leben wie einen Vulkanausbruch wahrnehmen!

Wenn am Ende des Tages mehr Energie verbraucht als aufgenommen wurde, dann holt sich der Körper die nötige Energie aus bestehenden Strukturen. So fackeln sie die eigenen Strukturen ab.

Die ideale Ernährung für Vata-Pitta-Typen

Die wichtigsten Eigenschaften einer Vata-Pitta ausgleichenden Ernährung lassen sich mit den Begriffen »nährend, beruhigend, befeuchtend und erdend« beschreiben. Drei regelmäßige und warme Mahlzeiten pro Tag sind Pflicht. Der größte Fehler für Sie ist, zu wenig und zu leicht zu speisen.

Frühstück

- Vata-Pitta-Menschen haben den höchsten Energiebedarf und müssen deshalb schon am frühen Morgen richtig zugreifen. Frisches, auf dem Toaster ein wenig angewärmtes Vollkornbrot mit reichlich Butter, Doppelrahmkäse und etwas Marmelade sind ideal.
- Ein warmer Getreidebrei aus Reis- oder Weizenflocken mit etwas Ghee (das ist eingesottene Butter), Milch oder Sahne und Vollrohrzucker, dazu ein Früchtekompott mit Bananen, Birnen, Äpfeln und eingeweichten Trockenfrüchten sind empfehlenswert. Ebenso für den Vata-Pitta-Typ geeignet sind süße Früchte wie beispielsweise Weintrauben, Mango, Datteln, Rosinen oder Papayas.
- Anregende Getränke wie Kaffee oder Tee brauchen diese Menschen wirklich nicht, da sie auch so immer »auf Hundert« sind.
- Besonders geeignet sind warme Milch- und Malzgetränke, ein gekochtes Ei oder mit etwas Honig oder Rohzucker gesüßter Joghurt.
- Eine große Tasse heiße Milch – leicht gewürzt mit Safran, Kardamom, geriebenen Mandeln, Pistazien und noch mit ein bisschen Rohrzucker gesüßt – gehört ebenfalls zu einem guten Vata-Pitta-Frühstück.
- Aufbaumittel wie Amalaki-Fruchtmus (Chyavanprash) unterstützen den Energiestatus.

Mittagessen

- Das Mittagsmenü kann aus einer deftigen mediterranen Küche bestehen. Beispielsweise ein großer Teller Pasta oder Risotto mit einem üppigen Pesto.
- Falls Sie Fleisch essen, sollten Sie eher Geflügel, Lamm, Wild oder Fisch wählen.

- Als Vegetarier müssen Sie sorgsam auf eine proteinreiche (eiweißreiche) Ernährung achten. Deshalb gehören Milchprodukte wie Ghee, Sahne, Käse jeglicher Art und nahrhafte Hülsenfrüchte wie Kichererbsen, Linsen, Tofu oder Urid Dal täglich dreimal auf den Speiseplan.
- Viel frisches Gemüse jeder Art, das im Wok mit reichlich Ghee oder Olivenöl blanchiert und mild gewürzt wurde, jede Menge frischer Kräuter wie Petersilie, Koriander oder Dill sowie ein sauer-scharfes Chutney runden die Mahlzeit ab.
- Dieser Typ kann frischen Salat mit üppigeren Saucen essen, soll aber damit niemals die eben erwähnten Grundnahrungsmittel ersetzen.
- Der süße Nachtisch darf nie fehlen. Genießen Sie alle frisch zubereiteten Cremes, Puddings, Kuchen, Halwa und andere orientalische Leckereien.
- Auch dürfen Sie gesunde Naschereien zwischendurch verzehren.

Abendessen
- Eine warme Suppe, ein Eintopf, Kartoffeln, Teigwaren, süßes Gemüse mit beruhigenden Gewürzen und etwas Ghee ersetzen beim Vata-Pitta-Typen die verbrauchte Energie am Abend.
- Crêpes, Omelettes oder Palatschinken, süß, salzig, würzig, oder die Wiederholung einer etwas leichteren Version des Mittagsmenüs machen Sie wieder munter.
- Empfehlenswerte Gewürze für Vata-Pitta sind Knoblauch, Muskat, Kardamom, Fenchel, Kümmel, Koriander, Kreuzkümmel, Basilikum, Rosmarin, Thymian, Oregano, Liebstöckelsamen, Majoran, Meersalz oder Steinsalz.
- Während der Mahlzeit sollen Vata-Pitta-Konstitutionen nur wenig trinken, beispielsweise ein Glas Rotwein oder etwas warmes Wasser.
- Morgens und abends sollten Sie öfter größere Mengen warmen Kräutertees zu sich nehmen, der beruhigend und wärmend wirkt – mittags hingegen eignen sich eher kühlende, leicht bittere und süße Tees.

Vata-Pitta-Menschen dürfen auch auf üppige Desserts nicht verzichten.

Die ideale Lebensweise für Vata-Pitta-Typen

Sport und Bewegung
- Dieser Typ tendiert nur in Ausnahmesituationen zu Übergewichtigkeit. Deshalb kommt nur ein milder Ausgleichsport infrage.
- Nordic Walking, verbunden mit Dehnübungen, sollte auf ebener Strecke durchgeführt werden – aber nicht mehr als zweimal die Woche.
- Yoga kann auch täglich geübt werden und bildet überhaupt den idealen Ausgleich für Sie.
- Gemäßigte Formen von Schwimmen und Wandern kommen nur in Betracht, wenn Sie sich wirklich fit fühlen und ein starkes Bedürfnis danach verspüren.

Gesundheitspflege
- Guter, ausreichender Schlaf und Regenerationsphasen sind ein Muss für Sie. Im Tagesverlauf entstehen Energietiefs in erster Linie aufgrund der zeitlichen Distanz zur letzten Mahlzeit. Sie müssen alle vier Stunden eine gute warme Mahlzeit zu sich nehmen.
- Die normale Ernährung reicht kaum aus, um das hohe Energiebedürfnis abzudecken. Deshalb sollte der Hautstoffwechsel, d. h. die Nahrungsaufnahme über die Haut, wie bei Ganzkörperölbehandlungen genutzt werden. Führen Sie zweimal in der Woche oder noch besser jeden zweiten Tag eine Salbung mit einem Vata-Öl (siehe Seite 71) durch.
- Öl gehört auch in die Nase, zum Ölziehen in die Mundhöhle.

Kleidung, Farben, Düfte und Schmuck
- Warme Kleidung in den verschiedensten Grünvarianten, das Tragen von Goldschmuck und Steinen wie Smaragd, Türkis,

---

Heilsames Sesamölklistier

- Ein Klistier mit Sesamöl schützt nicht nur die Darmschleimhäute und sorgt für einen gesunden Stuhlgang, sondern führt dem Körper über den Dickdarm wichtige Nährstoffe zu. Es hilft auch bei Kopfschmerzen, Migräne und bei schmerzhafter Periode.
- Besorgen Sie sich dazu in der Apotheke eine 60-Milliliter-Einmal-Blasenspritze und einen acht Zentimeter langen und acht Millimeter dicken Frauenkatheter, den Sie auf die Spritze stecken können.
- Wärmen Sie ein Bio-Sesamöl oder ein Vata-Öl im Wasserbad auf Körpertemperatur, ziehen Sie das Öl auf die Spritze und schieben Sie den Katheter in den After, nachdem Sie diesen mit etwas Öl benetzt haben.
- Legen Sie sich dann zehn Minuten mit angezogenen Beinen auf die linke, dann auf die rechte Seite und schließlich auf den Rücken.

Dieser Einlauf wird mit dem normalen Stuhlgang ausgeschieden. Geben Sie zur Sicherheit eine Binde in den Slip.

Meine Empfehlungen für Vata-Pitta-Konstitutionen

Vata-Pitta-Typen profitieren von sanfter sportlicher Betätigung – dazu zählen auch Dehnübungen.

Topaz, gelbem Saphir, Amethyst oder Diamant unterstützen und schützen den Vata-Pitta-Typ.
- Düfte von Hölzern, Harzen und Wurzeln sowie Heilkräuter wie Süßholz, Johanniskraut und Veilchen beruhigen die Leidenschaftlichkeit des hypersensiblen Vata-Pitta-Menschen.
- Saftig grüne Farbtöne bieten den perfekten Ausgleich, um die bei dieser Konstitution reduzierten Elemente Erde und Wasser auszugleichen.

Wohnen und arbeiten
- Überall im Berufsleben, wo hoch sensible Menschen gesucht werden, tut sich der Vata-Pitta-Typ hervor. Trends oder Wünsche werden wahrgenommen, bevor sie vom Individuum oder Kollektiv kommuniziert werden.
- In den eigenen vier Wänden suchen Vata-Pitta-Typen Wärme und Geborgenheit, die sie im Südwesten und im Nordosten ihres Hauses finden.

Beziehungen
In der Partnerschaft gilt es die gleichen Elemente zu finden oder gemeinsam auszugleichen, was für einen Kapha-, Pitta-Kapha- oder Tridosha-Typ als ideale Wahl spricht.

Meine Empfehlungen für Pitta-Kapha-Konstitutionen

Im Vertrauen auf ihre gute Grundimmunität vergessen Pitta-Kapha-Menschen öfter, dass sie mehr Bewegung und weniger üppiges Essen brauchen.

Die ideale Ernährung für Pitta-Kapha-Typen

Den Appetit anregende, bittere und leichte Nahrungsmittel bieten den idealen Ausgleich für Pitta-Kapha-Menschen. Dagegen sollten sie salzige, saure und ölige Speisen besser meiden.

Frühstück
- Der Pitta-Kapha-Mensch soll sein Frühstück so früh oder so spät wie möglich einnehmen: also vor 7 Uhr oder erst nach 9 Uhr.
- Heißes Ingwerwasser, eine Reiswaffel oder ein kleiner Gerstenflockenbrei mit einem Früchtekompott genügen als Starter in den Tag.
- Dazu hilft auch ein schwarzer oder grüner Tee als Frühstücksgetränk.

Mittagessen
- Eine mittlere Menge Stärke in Form von Reis oder Getreide gehört als wichtigstes Grundnahrungsmittel auf den Mittagsteller des Pitta-Kapha-Typs.
- Als Fleischesser können Sie mageres weißes Fleisch und etwas Fisch verzehren, zubereitet ohne Fett vom Grill oder aus dem Backofen.
- Vegetarier müssen Milchprodukte wie Ghee und Frischkäse und Hülsenfrüchte mehrmals täglich zu sich nehmen.
- Essen Sie viel frisches und grünes Gemüse, das im Wok mit etwas Ghee leicht blanchiert und mit einer Menge frischer Kräuter zubereitet wird.

Kochen für Pitta-Kapha mit möglichst wenig Fett in der Pfanne oder im Wok

- Dazu rundet ein Chutney von milder Schärfe das Essen ab.
- Ein kleiner gartenfrischer Salat, nur mit ein wenig Olivenöl und Zitronensaft angemacht, darf beim Mittagessen keinesfalls fehlen.
- Der kleine süße Nachtisch vermehrt zwar kurzfristig das Kapha, besänftigt aber zugleich auch das Pitta dieser Konstitution und schützt am Nachmittag vor unkontrollierbaren Naschattacken und schadet der Figur nicht.

Abendessen
- Gut gewürzte Ofenkartoffeln mit etwas Gemüse eignen sich gut für die Abendmahlzeit.
- Weiter kann ich ein leicht getoastetes Roggen- oder Buchweizenbrot mit Magerfrischkäse und frischen Kräutern, einem leichten Avocadoaufstrich oder einfach nur Honig empfehlen.
- Trinken Sie dazu einen anregenden Gewürztee.

Sonstiges
- Empfehlenswerte Gewürze für Pitta-Kapha sind Petersilie, Schnittlauch, Fenchel, Rosmarin, Thymian, Basilikum, Oregano, Kümmel, Kreuzkümmel, Kurkuma, Safran, Salbei, Zimt, Ingwer, Nelken und möglichst wenig Steinsalz.
- Nehmen Sie zu den Mahlzeiten keine bis wenig Flüssigkeit zu sich, eventuell ein Glas herben Rotwein.
- Tagsüber sollen Sie öfter mittlere Mengen warmen Kräutertees oder Wassers trinken, morgens und abends eher heiße und anregende Getränke.

Die ideale Lebensweise für Pitta-Kapha-Typen

Sport und Bewegung
- Pitta-Kapha ist eine kräftige, widerstandsfähige Struktur, die gezielt belastet werden muss.
- Beim Nordic Walking kann es ruhig bergauf gehen.
- Eine gute Distanz zu schwimmen ist auch empfehlenswert.
- Üben Sie Yoga und Atemübungen etwas intensiver.

Gesundheitspflege
- Tagesschlaf oder übermäßiger Schlaf stehen ganz oben auf der Liste der zu vermeidenden Gewohnheiten, wie auch üppige Abendmahlzeiten und Naschereien zwischen den Mahlzeiten der Gesundheit der Pitta-Kapha-Typen abträglich sind.
- Benutzen Sie für die wöchentliche Salbung von Herbst bis Frühjahr Kapha-Öl und im Sommer Pitta-Öl.
- Für die Kopfhaut verwenden Sie zweimal in der Woche ein Kopf- und Haaröl wie Bhringa-Öl.
- Von Schwitzbehandlungen mit trockener Hitze, wie Sauna oder Infrarotkabine, profitiert dieser Typus.

Räucherstäbchen mit der Duftnote von Zitrusfrüchten oder Zitronengras sind ideal für Pitta-Kapha.

Kleidung, Farben, Düfte und Schmuck

- Atmungsaktive Wäsche und Kleidung in hellen, beschwingenden Pastellfarben aus natürlichen, leichten Materialien wie Seide oder Baumwolle sind wichtig.
- Eher anregende Parfüms mit Duftnoten aus Zitrusfrüchten, Zitronengras, orientalischen Gewürzen und Sandelholz passen gut zu Pitta-Kapha.
- Schmuck aus Silber oder Gold und Steine wie Amethyst, Feueropal und Smaragd ergänzen das Charakterbild.

Wohnen und arbeiten

- Pitta-Kapha-Frauen und -Männer gehören zu den Erfolgreichen im Berufsleben, denn sie sind belastungsfähig, besitzen Ausdauer und Mut. Man kann sich gut vorstellen, dass dies ideale Eigenschaften für Unternehmer und Verwalter sind.
- Daheim sucht sich der Pitta-Kapha-Mensch den beweglichen Nordwesten, wo keine starke Anhaftung möglich ist. Leichte und beschwingte Farben in den Räumen hellen sein Gemüt auf – das Leben ist ein Tanz!

- Pitta-Kapha-Typen tun gut daran, den Zungenschaber jeden Morgen einzusetzen und möglichst zweimal pro Woche das Ölziehen durchzuführen.
- Heilkräuter wie Sonnenhut, Kamille und Schafgarbe sind bekannte Bitterpflanzen und als solche gut geeignet für diesen Typ.

Beziehungen

In der Paarbeziehung bieten sich viele Möglichkeiten für Pitta-Kapha. Sie sind nahezu mit jeder anderen Konstitution kompatibel. Schwierigkeiten entstehen dabei eher für ihre Partner, z. B. wenn sich eine Vata- oder Vata-Pitta-Frau über die Behäbigkeit ihres Mannes aufregt.

Meine Empfehlungen für Vata-Kapha-Konstitutionen

Vata-Kapha-Personen besitzen einen starken natürlichen Bewegungsdrang und tendieren zu einer athletischen Körperstruktur. Hier haben sich die beiden größten Antagonisten gepaart. Niemand sollte daher überrascht sein, wenn sich bei diesem Menschen völlig gegensätzliche Qualitäten vermischen.

Die ideale Ernährung für Vata-Kapha-Typen

Solange dieser Typus fit und aktiv ist, wird ständig frische Kraft benötigt und die kann aus einer vorwiegend Vata regulierenden Ernährungsweise befriedigt werden. Falls aber die Lebensumstände verhindern, den Bewegungsdrang auszuleben, dann müssen eher die Richtlinien eine Kapha-Ernährung befolgt werden.

Frühstück

- Das Frühstück ist für Vata-Kapha-Typen wichtig. Sie brauchen am Morgen etwas Heißes im Bauch! Ein warmer Toast, Reiswaffeln oder Knäckebrot mit viel Butter und Marmelade und ein wärmendes Getränk wie Gewürz-, Ingwer- oder grüner Tee sowie Getreidekaffee sind ideal.
- Ein warmer Getreidebrei aus Reis-, Gerste- oder Weizenflocken mit etwas Ghee (eingesottene Butter), Milch und Vollrohrzucker ist das ideale Frühstück für Sie.
- Servieren Sie dazu ein Früchtekompott mit Bananen, Birnen, Äpfeln und eingeweichten Trockenfrüchten.

Mittagessen

- Ein leicht verdauliches, aber gut nährendes Mittagessen mit viel Reis oder Teigwaren und als Beilage gekochte und gut gewürzte Gemüsearten wie Karotte, Fenchel, Aubergine, Kürbis, Kohlrabi oder Zucchini sind die ideale Hauptmahlzeit für Sie.
- Davor kann eine nahrhafte Suppe serviert werden.
- Ein süßes Dessert und fruchtig-scharfes Chutney machen daraus eine vollwertige Mahlzeit mit allen Geschmacksrichtungen.
- Als tierische Eiweißquelle eignen sich Frischkäse aller Art, Fisch, Meeresfrüchte, Lamm oder Huhn – alles scharf gewürzt.
- Vata-Kapha-Menschen, die sich vegetarisch ernähren, müssen täglich mehrmals Hülsenfrüchte verzehren.
- Roher Salat ist kein gutes Nahrungsmittel für Vata-Kapha. Besser ist ein gut gewürzter kleiner Salat aus gekochtem Gemüse. In der warmen Jahreszeit kann ein kleiner frischer Salat mit Öl und Essig verzehrt werden.

Abendessen

- Für aktive Vata-Kapha-Menschen würde ich hier am ehesten eine abgespeckte Version des Mittagsmenüs auftischen.

38 GESUNDHEITSPFLEGE & IMMUNFITNESS MIT AYURVEDA

Auf ein Gleichgewicht zwischen aktuellem Verbrauch und Energieaufnahme muss immer geachtet werden.

- Weiter empfehlenswert ist getoastetes Brot mit Magerfrischkäse, der mit schwarzem Pfeffer und Paprika gewürzt wurde, und frischen Kräutern oder Honig und dazu ein anregender Gewürztee.

Sonstiges
- Nach intensiver sportlicher Betätigung müssen Sie natürlich Ihren Wasser- und Mineralstoffverbrauch mit entsprechenden Getränken wiederherstellen. Trinken Sie während der Mahlzeit eine auf Ihre Aktivitäten abgestimmte Menge Flüssigkeit.
- Ein kleines Glas Rot- oder Weißwein Ihrer Wahl können Sie mit den Mahlzeiten einnehmen.

- Empfehlenswerte Gewürze für Vata-Kapha sind grüner Chili, schwarzer Pfeffer, Paprika, Knoblauch, Muskat, Kardamom, Fenchel, Kümmel, Koriander, Kreuzkümmel, Basilikum, Rosmarin, Thymian, Oregano, Majoran und Steinsalz.

Die ideale Lebensweise für Vata-Kapha-Typen

Sport und Bewegung
- Diesen Typ drängt es, seine Kräfte einzusetzen, und das ist bei vielen Sportarten möglich, die eine gute Struktur voraussetzen. Neben dem Krafttraining muss der Bewegungsapparat dringend gedehnt und ausgeglichen werden. Dabei spielt Yoga eine wichtige Rolle.

Gesundheitspflege
- Wärmende und warme Öle regelmäßig auf den Körper zu geben ist eine Wohltat für Sie. Wenn Sie sportlich sehr aktiv sind, sorgt ein Vata-Öl für Ausgleich und in der lethargischen Phase das Kapha-Öl.
- Selbst auf dem Kopf verträgt der Vata-Kapha-Typ ein wärmendes Öl wie die beiden eben genannten.
- Heiße Bäder, in die Sie einen Esslöffel Vata- oder Kapha-Öl geben, sind ein beliebtes Ritual, denn mit einem warmen Körper lässt es sich besser entspannen und einschlafen.
- Verständlich, dass auch Schwitzbäder in jeder Form von Vata-Kapha-Typen heiß

geliebt werden. Besonders bei trockener Hitze gilt die Regel, vorher etwas Öl auf den Körper aufzutragen.
- Achten Sie unbedingt auf eine regelmäßige Pflege von Nase und Nebenhöhlen mit Öl. Nutzung des Zungenschabers, Ölziehen und eine gute Massage des Zahnfleischs sind besonders wichtig zur Verbesserung der Durchblutung im Mund- und Rachenbereich.
- Basilikum, Rosmarin und Thymian sind fabelhafte Heil- und Schutzpflanzen für diesen Typ und sollten weder im Garten noch im Haus fehlen.

Kleidung, Farben, Düfte und Schmuck
- Vor Wind und Nässe schützen Sie sich mit entsprechender Kleidung in warmen bis feurigen Farbtönen.
- Tragen Sie Schmuck und Parfüms, die das fehlende Feuerelement in sich bergen. Dazu gehören die Duftnoten von Harzen, Hölzern und Gewürzen wie Weihrauch, Myrrhe, Zeder oder Sternanis.
- Hochkarätiges Gold, der Sonnenstein Rubin oder die rote Koralle, die die leidenschaftliche Kraft von Mars in sich trägt, sind nicht nur dekorativ auf Ihrer hellen Vata-Kapha-Haut, sie ergänzen Ihre Konstitution auf wunderbare Weise.

Wohnen und arbeiten
- Im Beruf dürfen Vata-Kapha-Menschen nicht an den Bürostuhl gefesselt sein. Sie müssen sich frei und im Freien bewegen können. Körperliche Arbeit macht ihnen richtig Spaß. Auch Berufe, die mit Sport zu tun haben, sind ideal. Sie bewegen sich gerne auf der Bühne, denn sie haben meist eine kräftige melodiöse Stimme.
- Im Feuerquadranten im Südosten einer Wohnung oder eines Hauses fühlen Sie sich so richtig geborgen. Auch die Südseite wird für Sie kaum je zu warm.
- Die Farben in Ihrem Heim, ja sogar im Schlafzimmer dürfen sich von gewagtem Rot oder sattem Orange bis hin zu mittleren Gelbtönen bewegen.

Psyche
- In Ihrem kräftigen Körper steckt ein äußerst sensibles, ja oft mimosenhaftes Wesen. Ihr Umfeld geht aufgrund Ihrer äußeren Erscheinung oft zu grob mit Ihnen um.

Beziehungen

In der Paarbeziehung tun Sie als Vata-Kapha-Typ gut daran, einen Partner mit Pitta in der Konstitution zu wählen. Wenn das nicht der Fall ist, müssen Sie Ihren feurigen Anteil besonders hegen und pflegen. Demonstrieren Sie sowohl in Ihrer Partnerschaft als auch in Ihrem sozialen Umgang im täglichen (Berufs-)Leben, wie gefühlvoll und verletzlich Sie sind. Ihr Umfeld wird Ihnen das sicherlich nicht übel nehmen. Im Gegenteil: Sie werden entsprechend sensibel behandelt.

Meine Empfehlungen für Tridosha-Konstitutionen

Erdenbürger mit einer Tridosha-Konstitution besitzen eigentlich alle organischen Ingredienzien, um ein gesundes und erfülltes Leben zu führen. Es besteht aber auch bei diesem Typ genug Handlungsbedarf für die Pflege der Gesundheit.

Die ideale Ernährung für Tridosha-Typen

Tridosha-Typen sind zwar rar, aber ihre Ernährungsweise passt eigentlich zu allen Menschen, die sich im Rahmen ihres konstitutionellen Gleichgewichts bewegen. Die Tridosha-Ernährung sorgt bei allen Konstitutionstypen dafür, dass die Bioenergien dort bleiben, wo sie sind. Das bedeutet, dass die Tridosha-Küche eigentlich für alle sieben Konstitutionstypen geeignet ist.

Die Tridosha-Ernährung lehnt sich verständlicherweise beim Mitteltypus Pitta an, wobei darauf zu achten ist, dass alle Nahrungsmittel, die starke Wirkkraft auf eine bestimmte Bioenergie besitzen oder Rajas und Tamas vermehren, von vornherein weggelassen werden. Fleisch, Knoblauch, Zwiebeln, Chili, Alkohol und konservierte Nahrungsmittel gehören in diese Gruppe.
Im Gegensatz dazu enthalten frisch zubereitete biologische und regionale Speisen besonders hohe Anteile der hochschwingenden Energie Sattva.

Frühstück
- Schmackhaft und ausgleichend sind Waffeln oder Getreidebrei aus Reis, Dinkel und Weizen mit Ghee, Rohrzucker, Honig, Milch oder Sahne sowie gedünstete süße Früchte.
- Weiter erlaubt sind ein leichter Toast mit Butter, Honig, Marmelade oder einem Frischkäseaufstrich sowie eine Handvoll Nüsse.
- Warme Milch mit Safran, Kardamom und ein ayurvedisches Aufbaumittel wie Amalaki-Fruchtmus (Chyavanprash) schenken Energie für den ganzen Tag.
- Andere empfehlenswerte Frühstücksgetränke sind grüner oder weißer Tee, ein kleiner, frisch gepresster Saft aus vorwiegend süßen Früchten oder ein Getreidekaffee.

Mittagessen
- Das Mittagessen bildet Ihre reichhaltige Hauptmahlzeit: Getreidespeisen aus frisch

> *Mein Rat*
>
> Wenn Sie Ihre Konstitution nicht kennen oder nicht sicher sind, zu welchem Typ Sie gehören, befolgen Sie ganz einfach die Richtlinien für Tridosha.

gemahlenem Getreide, wie verschiedene Arten von Fladenbrot, oder einfach zubereitetes Getreide oder Nudeln.
- Vegetarische Kost mit frischen Milchprodukten, eine sogenannte laktovegetarische Ernährungsweise, ist vorbildlich für Tridosha. Deshalb gehören Hülsenfrüchte in irgendeiner Form (egal, ob als Tofu, Sprossen, Suppen oder Saucen) und Milchprodukte wie Sahne, Butter, Ghee oder Frischkäse zu jeder Mahlzeit auf den Tisch.
- Alle Gemüsearten, besonders die frisch aus dem Garten stammenden, eignen sich für diese Kost. Der Wok (eine asiatische hochwandige Pfanne) ist hier für alles Gemüse das richtige Kochgerät.
- Ein kleiner frischer Salat, mit hochwertigen Ölen und Zitronen- oder Grapefruitsaft angemacht, passt zu dieser Ernährungsweise.
- Ein frisch zubereiteter Nachtisch, wie Milchreis, frische Früchte mit Zucker und Sahne, eine Vanillecreme u. Ä., dürfen nicht fehlen.

Abendessen
- Das ist die kleinste Mahlzeit des Tages für Sie, die möglichst früh eingenommen werden sollte.
- Eine frisch zubereitete leichte Suppe, ein Teller Pasta mit einem aromatischen Pesto aus Basilikum, Brennnesseln, Giersch, Bärlauch oder anderen Gartenkräutern schmecken vorzüglich.
- Milch ist ein ideales Nahrungsmittel für Tridosha.

Frische süße Früchte und frisch gemahlene Gewürze gleichen alle Dosha aus.

- Eine Tasse heiße Gewürzmilch vor dem Schlafengehen unterstützt Ihr Gedächtnis.

Sonstiges
- Empfehlenswerte Gewürze für Tridosha sind frischer Koriander, Petersilie, Basilikum, Rosmarin, Salbei, Oregano oder Majoran, Liebstöckel, Fenchel, Kümmel, Kreuzkümmel, Kurkuma, Safran, Gewürznelken und kleine Mengen Steinsalz.
- Während der Mahlzeit sollen Sie gerade so viel trinken, dass kein Gefühl der Trockenheit entsteht.
- Natürliches Wasser während des Tages und warme klärende Kräutertees am Morgen und am Abend bilden die idealen Getränke für Tridosha.

Leichtes Krafttraining – ideal für Tridosha

Gesundheitspflege

- Eigenölmassagen und die Salbung mit dem ausgleichenden Desha-Öl (siehe dazu Seite 71) sowie andere milde Öl- und Schwitzbehandlungen sind ideal für den Tridosha-Menschen.
- Typische Tridosha-Heilkräuter sind Salbei und Safran.

Kleidung, Farben, Düfte und Schmuck

- Wäsche und Kleidung aus leichten, natürlichen Materialien und in nicht grellen, sondern ruhigen, hellen Farben, insbesondere helle Orange- und Gelbtöne sowie Weiß, trägt der Tridosha-Mensch besonders gerne und sie passen auch ideal zu ihm.
- Gold und Silber sowie der gelbe Saphir oder der Diamant steigern die Schlagkraft Ihres Immunsystems, wenn sie direkt auf der Haut getragen werden und möglichst rein sind.
- Sandelholzöl und Lavendel heben Ihr Wohlbefinden.

Die ideale Lebensweise für Tridosha-Typen

Sport und Bewegung

- Nordic Walking, Tanzen, Schwimmen, ein mildes Krafttraining – regelmäßig, aber nicht mehr als zweimal die Woche – bilden den idealen Ausgleichssport für Tridosha.
- Üben Sie täglich etwas Yoga, aber gönnen Sie sich auch Tage, an denen Sie gar nichts tun.

Beziehungen

Als Lebenspartner sind Tridosha-Menschen absolut verlässlich und treu. Ihre Leidenschaftlichkeit und Begeisterungsfähigkeit halten sich allerdings in Grenzen. Am ehesten kommen Sie in der Partnerschaft mit Ihresgleichen, die wie gesagt sehr rar gesät sind, oder mit Kapha-Konstitutionen zurecht.

Was Sie speziell bei Kindern beachten müssen

Kapha, Pitta und Vata beeinflussen nebst der körperlichen Grundkonstitution auch unsere verschiedenen Lebensabschnitte. Der erste davon ist die Kindheit und sie wird ganz eindeutig von Kapha bestimmt.
Trotzdem ist weder eine Kapha reduzierende Ernährung noch Leistungssport für Kinder zu empfehlen.

Die ideale Ernährung für Kinder

Kinder haben eine klare Mission, die darin besteht, in möglichst kurzer Zeit ihr Körpergewicht zu vermehren. Grün ist die Signalfarbe aller Nahrungsmittel, außer vielleicht grüner Torte, die die körperlichen Strukturen nicht vermehren, und daher wird alles Grüne kompromisslos verweigert. Recht haben sie, die Kleinen!
Traumatisieren Sie Ihre Kinder nicht mit Ihren eigenen Diätvorstellungen, was nicht bedeuten soll, dass Sie die Ernährung Ihres Nachwuchses den Fastfood-Ketten überlassen. Sie müssen ihm gesunde Alternativen bieten: ein Teller mit dampfender Pasta und frischem Tomatensugo, darüber etwas Biokäse gerieben, Kartoffeln in jeglicher Form, ob als

Zwingen Sie Ihre Kinder nie zum Essen!

Püree, Pellkartoffeln oder in Öl gebacken, süß schmeckendes, leichtes Brot, frisch zubereitete Cremes, Grütze, Pudding und Kuchen.

- Als Speiseplan für Kinder eignet sich die Vata reduzierende Ernährungsweise, wie auf Seite 21 ff. beschrieben.
- Bei übergewichtigen Kindern soll die Menge reduziert, aber – außer bei einem juvenilen (kindlichen) Diabetes – nicht auf eine Kapha reduzierende Ernährung umgestellt werden.
- Das Verdauungsfeuer muss bei dicken Kindern angeregt werden. Das kann durch erhöhte körperliche Aktivität, Sport, Vermeiden von übermäßigem Schlaf, Abschaffen von Zwischenmahlzeiten und Naschereien,

Verzicht auf Fleisch, Käse, Wurstwaren, Fastfood und alles Kalte erreicht werden.

Die ideale Lebensweise für Kinder

Sport und Bewegung

- Leistungssport oder Sport und Yoga für Erwachsene ist nichts für Kinder unter zwölf Jahren.
- Leichte Yogaübungen, ohne zu überdehnen, wie auch spielerische, ausgleichende Sportarten können unter Aufsicht ausgeführt werden.

Gesundheitspflege

- Zweimal in der Woche ist eine Ölmassage von Geburt bis zur Heirat ein Muss. Heute erfreuen sich Babyölmassagen großer Beliebtheit.
- Die ersten Ölmassagen sollten nur mit einem Bioolivenöl und ohne Druck durchgeführt werden. Wenn Sie sicher sind, dass das Baby oder das Kind die Behandlungen und das Öl gut verträgt, können Sie speziell gekochte Öle wie Bala (bedeutet »Kind«) verwenden.

Schmuck

- Hochkarätiger Goldschmuck wie Armreifen oder Hals- und Bauchkettchen oder noch besser ein Ohrring, wobei beim ersten Geburtsagsritual ein Loch ins linke Ohr gestochen wird, sind Möglichkeiten der Immunisierung als Alternative zum Impfen.

Kinder genießen Berührung, Wärme und Öl auf ihrer Haut.

Was Frauen speziell beachten müssen

In der Manu Samhita, einem archaischen Gesetzbuch, steht geschrieben, dass, wo Frauen geehrt werden, jede Arbeit Früchte trägt. Die Gesundheit der Frau muss einer Gesellschaft am Herzen liegen, sonst wird sie nicht lange weiterexistieren. Ein Ayurveda-Arzt hat vor 400 Jahren drei Säulen des Wohlbefindens für die Frau aufgelistet: gutes Essen, ausreichend Schlaf, erfüllte Sexualität.

Die ideale Ernährung für Frauen

Für Außenstehende, insbesondere Männer, erscheint die Ernährungsweise für Frauen unverständlich. Für die Betroffenen, die sich von ihren laufend wechselnden Zuständen leiten lassen, ist sie nicht wirklich ein Problem. Zuerst sind da die ausgeprägten Lebensabschnitte, die sich in die von Kapha geprägte Zeit vor dem Einsetzen der ersten Monatsblutung, in die Pitta-Zeit, bei der die Blutungen monatlich stattfinden, und in die Vata-Zeit, wenn die Periode ausbleibt, einteilen lassen. Aber auch monatlich ändert sich der Hormonstatus: die von Vata bestimmte Blutung, der von Kapha geprägte fruchtbare Zeitabschnitt und die von Pitta beherrschte prämenstruelle Phase. Das natürliche Essverhalten der Frau passt sich mit ständig wechselnden Gelüsten der jeweiligen Situation an.

- Die konstitutionelle Ernährungsweise bildet außer in der Kindheit die übergeordnete Struktur.
- Beispielsweise sollte eine Pitta-Frau eine Pitta reduzierende Ernährung beibehalten, aber kurz vor Beginn der Monatsblutung auf eine Vata reduzierende Ernährung mit warmen Speisen und Getränken umstellen – vor allem bei starken Regelschmerzen.
- Bei prämenstruellen Beschwerden gilt es, von kurz vor dem Eisprung bis zum Einsetzen der Blutungen, unabhängig von der Grundkonstitution, auf eine Pitta reduzierende Ernährung umzustellen.
- Beschwerden in der Kapha-Zeit sollten, außer bei Kapha-Typen, nicht mit einer Kapha reduzierenden Ernährung beantwortet werden.

Bei den Lebensphasen ist die Sache nicht ganz so komplex.
- Die Prämenstruationsphase liegt im Kindesalter und dazu passt die Ernährung wie auf Seite 43/44 beschrieben.
- Im mittleren Lebensabschnitt dominiert Pitta. Das ist kein Grund, um von Ihrer konstitutionellen Ernährungsweise abzuweichen. Es gibt aber zwei Regeln, die Sie von der Pitta-Ernährung übernehmen sollten: Meiden Sie grundsätzlich extrem saure, ölige und salzige Speisen – sie wirken stark menstruationsfördernd und verstärken die Blutungen – und essen Sie möglichst viele grüne Nahrungsmittel und regelmäßig frisches Muskelfleisch. Diese Nahrungsmittel sorgen dafür, dass frisches Blut produziert wird.

Leichte Suppen mit frischem grünem Gemüse und Kräutern sind grundsätzlich ein ideales Nahrungsmittel – nicht nur für Frauen.

aus. Dabei schafft kein Athlet die Mühen einer Schwangerschaft oder Geburt. Auch der weibliche Körper braucht ein abgestimmtes, regelmäßiges Krafttraining.

Gesundheitspflege

- Nach jeder Geburt und zu Beginn der Menopause ist eine große Ayurveda-Regenerationskur angezeigt.
- Von einem eigenen Zimmer, wohin Sie sich nicht nur während Ihrer »Tage« zurückziehen können, profitiert die ganze Familie. Sie brauchen grundsätzlich mehr Schlaf als Ihr Partner und oft auch mehr als Ihre Kinder.
- Frauen brauchen öfter eine Auszeit. Sie müssen vor dem Hang, für andere zu sorgen, beschützt werden.

- Bei Hitzewallungen während der Wechseljahre sollten Sie auf eine Pitta-Ernährung umstellen und im späteren Abschnitt, wenn die Wallungen nicht mehr auftreten, können Sie sich wieder an Ihre konstitutionelle Ernährung halten.

Die ideale Lebensweise für Frauen

Sport und Bewegung

- Je weiter südlich, umso mehr vernachlässigen Frauen ihre Fitness. Das wirkt sich negativ auf Lebensqualität und -erwartung

Beziehungen

Was tun, wenn Sie ein unerfülltes Sexualleben haben? Ihren langweiligen, unsensiblen Mann rauswerfen und sich einen feurigen Liebhaber anlachen? Das wäre grundsätzlich eine befriedigende Lösung. Die Realität sieht oft anders aus. Erstens können dabei massive Konflikte entstehen, die nicht gerade gesundheitsfördernd sind, und Liebhaber sind auch nur Männer. Lassen Sie zuerst Ihre Wünsche und Ihr Sehnen zu. Setzen Sie sich damit auseinander und kommunizieren Sie dies dann mit dem Rest der Welt. So entwickeln Sie eine Sichtweise, damit Sie die stimmige Lösung überhaupt wahrnehmen.

Was Männer speziell beachten müssen

Männer sind zwar »Sensibelchen«, aber einfach gestrickt! Sie wollen Frauen und die Welt erobern und das am besten in schicken Fahrzeugen. Auch für große Denker und Philosophen ist das Grübeln und Philosophieren nur eine verfeinerte Maske, um die eben genannten Ziele zu erreichen. Und am Ende des Tages reiten sie einsam und in Melancholie versunken in den Sonnenuntergang hinein...

Die ideale Ernährung für Männer

Die Ernährung des Mannes soll typgerecht sein und die Nahrungsmenge muss der körperlich-geistigen Aktivität angepasst werden. Gesund essen und leben ist für viele Männer leider noch kein Thema. Die meisten Herz-Kreislauf-Erkrankungen wären aber mit einer angepassten Ernährungsweise vermeidbar, so ungern Männer das hören. Sie lassen sich lieber mit Blaulicht zur nächsten Intensivstation kutschieren.

Die ideale Lebensweise für Männer

Männer haben eine überbordende Fantasie und gehen davon aus, dass sie unerschöpfliche Kräfte besitzen. Wenn sie infrage gestellt werden, nagt das am Selbstwertgefühl oder bewirkt eine Depression, die sich oft nicht als solche manifestiert, sondern zu aggressivem Verhalten führt.

Gesundheitspflege

- Gesundes Verhalten bedeutet, weniger versprechen, sich weniger vornehmen und weniger tun. Das schützt effektiv vor der eigenen Enttäuschung und der anderer Mitmenschen und es schont Ihre Reserven. Das Leben ist zwar endlich, aber lang – und auch wir Männer müssen einsehen, dass wir es bis zum Ende schaffen können.
- Männer in der Mitte des Lebens erfahren die bittere Wahrheit, dass ihre Leistungsfähigkeit im Beruf, beim Sport und in der Liebe abnimmt. Das stürzt sie in tiefe existenzielle Ängste, in Wut, in Verzweiflung oder es veranlasst, dass sie sich hyperaktiv in neue Abenteuer begeben.
- Hier wirken ayurvedische Regenerationskuren besonders ausgleichend. Dabei soll sich der Kandidat gezielt zurückziehen können. So gewinnt er den größeren Überblick zum Umfeld und Klarheit über seine eigentlichen Wünsche und seine Bestimmung.

Mein Rat

Es geht mir hier um ein Plädoyer für männliches Gesundheitsbewusstsein, nicht um Ratschläge, wie man dieses austricksen kann. Daher rate ich Männern, das ganze Buch zu lesen, um das facettenreiche Bild ihrer wunderbaren ganzheitlichen Existenz schätzen zu lernen.

Was Sie speziell ab 50 beachten müssen

Wenn Sie mit über 50 Jahren noch fit sind, dann nehmen Sie Ihr Schicksal sofort in die Hand und investieren Sie nicht in den Aktienmarkt, sondern in Ihre Gesundheit, damit der gesunde Zustand anhält.

Das Immunsystem lässt sich in diesem Alter nicht mehr so leicht regenerieren wie vor dem 40. Geburtstag. Aus diesem Grund benötigen Sie etwas mehr Zeit und Aufwand.

Hinzu kommt, dass Ihnen Ihr Körper eine falsche Ernährung oder einen unpassenden Lebensstil nicht mehr so leicht verzeiht und dass es im Krankheitsfall viel länger dauert, bis Sie wieder auf dem Damm sind und sich erholt haben.

Um mit dieser unerfreulichen Situation fertig zu werden, brauchen Sie einen guten seelischen Halt. Das können Ihre Partnerschaft, Ihre Familie, altruistische Aktivitäten, Philosophie, Kunst oder meditative Praktiken sein. Stellen Sie sich der Auseinandersetzung mit der weltlichen Endlichkeit.

Die ideale Ernährung ab dem 50. Lebensjahr

- Auch wenn Vata nicht einen Teil Ihrer Konstitution bildet, müssen Sie ab dem 50. Lebensjahr allmählich auf eine Vata reduzierende Ernährung umstellen oder bei einem starken Kapha-Anteil und Übergewicht einige Prinzipien von Vata übernehmen.
- Sie müssen dringend mehr warme und leicht nährende Flüssigkeiten trinken.
- Verwenden Sie nur frische und die besten Öle wie Olivenöl, Kürbiskernöl, Leinöl oder Sesamöl.
- Auch wenn Sie als älterer Erdenbürger alleine leben, sollten Sie sich nie von Auf-

Eine harmonische Partnerschaft ist ein positiver gesundheitlicher Faktor.

gewärmtem oder Fertiggerichten ernähren. Sie müssen unbedingt täglich etwas Frisches für sich kochen!

Die ideale Lebensweise ab dem 50. Lebensjahr

Sport und Bewegung
- Gerade für die ältere Generation ist regelmäßiges Yoga wunderbar. Es stärkt nicht nur Muskeln und Gelenke, sondern auch das Immunsystem.

Gesundheitspflege
- In meiner langjährigen Praxis habe ich mit Freude wahrgenommen, dass ältere Menschen am stärksten von unseren Ayurveda-Ölanwendungen profitieren, ja schon nach wenigen Behandlungen oder Kurtagen unerwartet deutliche Besserungen der Beschwerden eintreten.
- Wenn Sie zweimal pro Woche oder häufiger eine Eigenölmassage mit Vata-Öl (siehe dazu Seite 71) durchführen, wirkt sich das besonders stärkend für Ihr Gewebe und Ihren Knochenbau aus. Die Wahrscheinlichkeit, dass Sie bei einem Sturz oder einer Verletzung einen Knochenbruch erleiden, wird damit signifikant gesenkt.
- Glauben Sie nicht an die Mär, dass bei degenerativer Knochenstruktur (Arthrose oder Osteoporose) nur eine Operation helfe und ein Aufbau der Knorpel und Knochen im Alter nicht mehr möglich sei. Ihr Knochengerüst besteht nicht aus Stein, sondern aus lebenden Zellen, die immer noch Nährstoffe einlagern können. Bei einer Patientin, die wegen einer massiven Osteoporose auf zwei Krücken zur Ayurveda-Kur kam und ohne sie wieder nach Hause marschierte, meinte ihr behandelnder Arzt, dass ein Wunder geschehen sei. Ja wenn die angeblich wissenschaftlich orientierten Schulmediziner eher an Wunder glauben wollen als an die Kraft der Natur, so ist das aus meiner Sicht schon ein guter Fortschritt. Fakt ist, dass praktisch alle degenerativen Erkrankungen mit Ayurveda äußerst wirksam behandelt werden können.

Um mit Yoga anzufangen, ist man nie zu alt! Es wird Ihnen auf jeden Fall guttun.

Anwendungen für Ihre Immunfitness

Ein Grippekranker niest in der U-Bahn. Jeder Passagier hat sofort Kontakt mit dem Virus. Aber warum ist die U-Bahn dann auch am nächsten Tag noch überfüllt? Weil das Immunsystem den Menschen schützt.

Die sechs Ernährungsregeln für alle Typen

Ernährung und Lebensweise gelten im Ayurveda als gleichberechtigt zu medizinischer Intervention. Sie können damit effektiv Beschwerden behandeln, aber auch dafür sorgen, dass Sie erst gar nicht aus dem gesunden Gleichgewicht geraten. Die Ernährung spielt dabei eine primäre Rolle, denn damit erneuern Sie Ihren Organismus täglich.

Einerseits soll das Essen ein sinnlicher Prozess sein. Andererseits soll unser Essenskonzept einen Sinn machen, d. h. an unsere Grundkonstitution und die Lebenssituation angepasst sein. Leider kann ich nicht mit einer Einheitskost aufwarten. Das Leben ist zu facettenreich und es gibt so viele Bedürfnisse, die berücksichtigt werden müssen. Die im Folgenden aufgeführten sechs Ernährungsregeln führen Sie sicher zu einer auf Sie abgestimmten gesunden Ernährungsweise.

Die sechs wichtigsten Ernährungsregeln für alle Typen

1. Täglich möglichst viele frische und naturbelassene Lebensmittel konsumieren!
2. Frisch aus der Pfanne essen, d. h. möglichst wenig Aufgewärmtes, Tiefgefrorenes oder industriell Vorgekochtes (Convenience Food)!
3. Frühestens drei bis vier Stunden nach einer Mahlzeit wieder etwas essen und nicht länger als fünf bis sechs Stunden ohne Nahrung sein!
4. Wenn bei obiger Zeitregel kein Hunger herrscht, dann sind appetitanregende Maßnahmen angezeigt, z. B. ein Aperitif.
5. Es ist genauso ungesund, zu wenig zu essen, wie, zu viel zu essen!
6. Mit allen Sinnen essen! So reagieren Sie auf jede emotionale oder physiologische Veränderung.

Die sechs Geschmacksrichtungen

Der Geschmack weist auf die Wirkung der Nahrung auf Ihren Organismus hin. Alles Süße bewirkt eine Vermehrung der körper-

Scharfe Chilischoten besänftigen Kapha.

lichen Strukturen, weil solche Nahrung primär die schweren Urstoffe Erde und Wasser enthält. Jetzt wird verständlich, warum ich Ihnen keine langen Listen mit guten oder schlechten Nahrungsmitteln vorsetze. Denn mit dem Geschmack ändert sich auch die Wirkung.

Die sechs Geschmacksrichtungen und ihre Wirkungen

Geschmacks-richtung	vorherrschende Urstoffe	Wirkung im Körper	besänftigt	vermehrt
süß	Wasser und Erde	schwer, befeuchtend, kühlend, stark nährend, eliminiert Winde, Urin und Darminhalt	Pitta und Vata	Kapha
sauer	Erde und Feuer	erhitzend, austrocknend, nährend, eliminiert Winde, Urin und Darminhalt	Vata	Pitta und deutlich geringer Kapha
salzig	Wasser und Feuer	erhitzend, klebrig, schwer, eliminiert Winde, Urin und Darminhalt	Vata	Pitta und im Übermaß Kapha
scharf	Feuer und Wind	erhitzend, leicht, austrocknend, behindert das Eliminieren von Winden, Urin und Darminhalt	Kapha	Pitta und Vata
bitter	Wind und Äther	leicht, kühlend, rau, nicht klebrig, austrocknend, behindert das Eliminieren von Winden, Urin und Darminhalt	Kapha und Pitta	Vata
herb	Wind und Erde	austrocknend, kühlend, schwer, behindert das Eliminieren von Winden, Urin und Darminhalt	Pitta und Kapha	Vata

Bewegung – so unterstützen Sie Ihren Konstitutionstyp

Sportliche Aktivität konsumiert kurzfristig mehr Energie, als sie zur Verfügung stellt. Für Vata-Typen oder bei Vata-Überschuss kann das ein gesundheitliches Risiko darstellen. Im Gegensatz dazu fühlt man sich am Ende einer Yogasitzung vitaler als zu Anfang.

Das Yogaprogramm

Bedingt durch meine Arbeit mit Ayurveda komme ich ständig in Kontakt mit Menschen aller Altersklassen, die noch nie in ihrem Leben Yoga gemacht haben. Für sie habe ich über die letzten 25 Jahre ein spezielles Yogaprogramm erarbeitet. Einige Übungen habe ich abgeändert oder aus dem Kalaripayatt (einer südindischen Kampfkunst) übernommen.

Mein Rat

Im Yoga werden keine Punkte für ästhetisch perfekt ausgeführte Haltungen vergeben – lassen Sie also keinen falschen Ehrgeiz aufkommen. Jede Übung muss für Sie stimmen!
Das bedeutet: Achten Sie auf den Effekt und nicht auf die Technik, nähern Sie sich sanft an Ihre Schmerzgrenze an und halten Sie dann dort inne, achten Sie auf eine entspannte Atmung und verkrampfen Sie sich niemals.

Die Vorbereitungen

- Für dieses Programm brauchen Sie lediglich zwei Quadratmeter Platz, Ihren Körper, Ihren Geist und Ihre Seele.
- Lüften Sie den Raum, in dem Sie üben, vor Ihrem Training gründlich.
- Reinigen Sie die Atmosphäre im Raum anschließend noch mit einer Kerze und etwas Räucherwerk.
- Eine Decke aus natürlichem Material wie beispielsweise Wolle oder Baumwolle schützt Sie, falls Ihnen kühl wird oder Sie nicht direkt auf dem Boden stehen oder sitzen möchten.

Strecken – die Palmenhaltung

Was macht Ihre Katze oder Ihr Hund, wenn sie oder er aufsteht? Genau, erst einmal richtig durchstrecken – und genau das tun Sie mit dieser einfachen Übung.
Sie darf nicht unterschätzt werden, denn sie besitzt phänomenal ausgleichende Kräfte, um Haltungsfehler zu korrigieren, Bandscheiben- oder Rückenprobleme zu vermeiden oder zum Verschwinden zu bringen.

- Stellen Sie sich möglichst aufrecht hin, so wie Sie das Gefühl haben, locker und gerade zu stehen.

1 Atmen Sie nun ganz tief ein, heben Sie den linken Arm nach oben und stellen Sie sich auf die Zehenballen.

- Jeder Muskel im Körper, von Beinen, Hüften und Schultern, soll mithelfen, die Wirbelsäule zu strecken.

- Verbleiben Sie in der Haltung genau so lange, ohne auszuatmen, wie Sie zum Einatmen gebraucht haben.

- Atmen Sie tief und kräftig aus, und zwar genau so lange, wie Sie eingeatmet und den Atem angehalten haben, und bringen Sie den Arm nach unten.

- Nun wiederholen Sie den gleichen Bewegungsablauf auf der rechten Seite, dann ein weiteres Mal links und schließlich noch einmal rechts.

2 Nach drei- bis fünfmaligem Üben nehmen Sie beim Einatmen beide Arme gleichzeitig hoch und üben erneut drei- bis fünfmal.

- Zum Schluss der Übung lockern Sie Arme und Beine.

Seitliches Beugen – die Dreieckshaltung

Diese Übung wirkt wie ein Hebel auf Ihre Lendenwirbel und drückt die einzelnen Wirbel und Bandscheiben regelrecht auseinander und beseitigt die seitlich am Körper gelegenen Fettpolster.

- Stellen Sie sich aufrecht hin, die Füße sind etwa 60 bis 70 Zentimeter auseinander.

- Drehen Sie den Kopf nach rechts, atmen Sie langsam und tief ein und beugen Sie sich, so weit es ohne Schmerz geht, nach rechts.

1 Dabei fahren Sie mit der rechten Hand Ihr Bein hinunter, ziehen die linke Hand bis unter die Achselhöhle und üben Druck nach hinten gegen die Schulter aus. Das soll verhindern, dass Sie sich bei dieser Übung nach vorn beugen.

- Halten Sie in dieser Stellung die Luft so lange an, wie Sie zum Einatmen benötigt haben.

- Entspannen Sie zuerst die Atemmuskulatur, bevor Sie ausatmen, und gehen Sie ganz langsam in die aufrechte Haltung zurück.

- Drehen Sie den Kopf gleich nach links und beugen Sie sich beim Einatmen nach links und so weit das Bein hinunter wie möglich. Ihr Gesicht schaut dabei immer zum jeweiligen Fuß.

- Wiederholen Sie die Übung auf jeder Seite gleich oft.

Nach vorn beugen – die Hand-Fuß-Haltung

Diese Haltung stimuliert die unteren beiden Energiezentren (Chakras) und die nach unten gerichtete Vata-Kraft (Apanavayu). Wenn die Ayurveda-Gelehrten feststellen, dass es keine gynäkologische Erkrankung gibt, bei der diese Kräfte nicht gestört sind, wird die Wirkung dieser Übung offensichtlich. Als Zusatzeffekt werden die Kopforgane besser durchblutet.

Achtung: Die Stellung ist für Schwangere nicht geeignet!

- Stellen Sie sich aufrecht hin. Atmen Sie tief ein.

2 Beim Ausatmen beugen Sie den Oberkörper so weit es geht nach vorn, die Beine bleiben durchgestreckt und gerade.

- In dieser Stellung angekommen, atmen Sie normal weiter. Der Kopf hängt nach unten und streckt durch sein Gewicht die Halswirbelsäule.

- Lockern Sie den Hals, indem Sie den Kopf leicht bewegen.

- Lockern Sie Ihre Schultergelenke und die Muskulatur, indem Sie die Arme etwas nach vorn ziehen.

Bewegung – so unterstützen Sie Ihren Konstitutionstyp

- Nehmen Sie den Kopf in den Nacken, bis Ihr Gesicht parallel zum Boden ist.

- Lassen Sie die Arme und Hände natürlich baumeln.

- Verweilen Sie zwei bis zu drei Minuten in der Stellung und atmen Sie gut durch. Achten Sie darauf, dass die Knie durchgestreckt bleiben und der Hals locker ist.

- Nach jeweils 20 Sekunden – so lange brauchen Ihre Sehnen und Bänder, um sich dehnen zu können – beugen Sie sich noch etwas tiefer und halten Sie erneut die Position. Sie werden spüren, wie diese Übung täglich etwas leichter durchzuführen ist.

Wichtig: Richten Sie sich am Ende der Übung nie plötzlich auf.

- Gehen Sie nur den halben Weg, indem Sie langsam erst einmal ein Stück hochkommen, die Hände auf die Knie abstützen und dort drei Atemzüge lang verweilen.

- Dann erst richten Sie sich ganz auf und lockern den Körper.

Nach hinten beugen – die Krafthaltung

Diese Übung stammt aus der südindischen Kampfkunsttradition Kalaripayatt, ich habe sie für meine Zwecke adaptiert.

All unsere Kraft ruht im Bauch, während der Kopf nur Energie verbraucht. Darum stärken die Grundstellungen (Vadivu) aus dieser Kampfkunst immer die unteren Energiezentren. Obwohl die Übung recht anstrengend ist, regt sie die Durchblutung in den unteren Körperregionen so stark an, dass der momentane Erschöpfungszustand ganz schnell in einen erfrischenden Energieschub umschlägt. Sie leistet einen wichtigen Beitrag dazu, dass Sie am Ende dieser Yogasitzung mehr für Ihren Körper getan haben, als wenn Sie fünf Kilometer gejoggt wären.

- Stellen Sie sich aufrecht hin. Legen Sie die Fersen so aneinander, dass die Füße in einem rechten Winkel stehen.

- Richten Sie Kopf und Becken zur rechten Fußspitze aus. In diese Richtung werden Sie gleich einen Ausfallschritt machen. Stellen Sie sicher, dass Ihnen dabei nichts im Weg steht.

- Wippen Sie ein paar Mal mit den Knien und bereiten Sie sich auf die folgende Bewegung vor.

- Machen Sie mit dem rechten Fuß einen riesigen Schritt nach vorn. Die Füße verbleiben im rechten Winkel und das linke Bein ist völlig gestreckt. Das vordere Knie wird so stark wie möglich gebeugt.

- Strecken Sie jetzt beide Arme mit Kraft nach vorn und drücken Sie Ihre Hüften gleichzeitig nach unten.

1 Jetzt nehmen Sie die Arme zurück, stützen die Hände in die Hüften, stoßen den Bauch stark nach vorn, nehmen Schultern und Kopf zurück und strecken die gefalteten Hände und Arme so weit nach oben-hinten über den Kopf wie nur möglich.

- Atmen Sie gut durch.

- Die Übung ist anstrengender, als sie aussieht! Versuchen Sie, so lang wie möglich hinten zu bleiben.

- Dann nehmen Sie die Hände wieder an die Hüften, wippen ein paar Mal und nehmen den rechten Fuß nach vorn, zurück in die aufrechte Haltung. Lockern Sie den Bewegungsapparat.

- Wiederholen Sie die gleiche Prozedur auf der Gegenseite.

Seitliches Drehen – der Drehstand

Jetzt üben Sie die Drehung der Wirbelsäule – auch hier mit der einfachsten Übung der Gruppe. Es geht mir primär um den kurativen Aspekt, obwohl die Aktivierung des untersten Wirbelsäulenteils auch einen stimulierenden Effekt auf die Kundalini-Kraft besitzt, jenes Energiezentrum an der Basis der Wirbelsäule, das Yogis als Zünder für ihren spirituellen Prozess nutzen.

Bewegung – so unterstützen Sie Ihren Konstitutionstyp 59

- Stellen Sie sich aufrecht hin. Schieben Sie den rechten Arm so hinter den Rücken, dass der Handrücken an der linken Taille ruht.

- Legen Sie nun die linke Hand auf die rechte Schulter.

2 Atmen Sie tief ein. Atmen Sie vollständig aus und drehen Sie sich so weit nach rechts wie möglich, ohne dabei die Hüften zu rotieren. Beine und Hüften bleiben nach vorn gerichtet. Dafür drehen Sie Hals und Gesicht kräftig nach rechts.

- Versuchen Sie, die Stellung für zwei Minuten zu halten, und atmen Sie dabei gut ein und aus.

- Drehen Sie sich wieder nach vorn. Wechseln Sie die Hand- und Armstellungen.

- Atmen Sie nochmals tief ein. Atmen Sie aus und drehen Sie sich diesmal ganz nach links. Verbleiben Sie auch hier für etwa zwei Minuten.

- Kehren Sie beim Einatmen in die Ausgangslage zurück und lockern Sie Ihren Körper.

Umkehr der Blutzirkulation – die Kerze

Nach Tagen und Wochen senkrechten und waagerechten Seins sollten Sie den Gefäßen und Organen endlich eine Verschnaufpause gönnen. Stellen Sie Ihre Welt auf den Kopf! Von den Venenklappen bis zu den Hals- und Kopforganen profitieren alle Körperteile von dieser Übung.
Im Gegensatz zum Kopfstand, der im klassischen Yoga nicht empfohlen wird, schont diese Übung die Halswirbelsäule.

- Legen Sie sich mit angezogenen Beinen auf den Rücken. Strecken Sie sich.

- Schaukeln Sie leicht mit dem Rücken nach links und rechts, bis Sie eine entspannte Lage gefunden haben.

- Die Halswirbelsäule darf während dieser Übung keinen Druck erfahren und soll entspannt auf dem Boden verbleiben.

1 Heben Sie beide Füße und anschließend die Hüften vom Boden ab. Strecken Sie die Beine ganz gerade nach oben Richtung Decke.

- Bewegen Sie nun Ihre Fußgelenke und Ihre Zehen, um die Durchblutung anzuregen. Sie können dazu auch 30 Sekunden lang »Rad fahren«.

- Danach halten Sie die Füße ruhig nach oben. Achten Sie auf eine regelmäßige und tiefe Atmung.

- Bleiben Sie bis maximal drei Minuten lang in der Stellung.

- Bringen Sie anschließend die Beine langsam wieder auf den Boden zurück und verbleiben Sie dort mit ausgestreckten Beinen mindestens so lange, wie sie oben waren. Dabei schauen die Fußspitzen nach außen, die Beine sind leicht gegrätscht und die Arme liegen etwa 20 bis 30 Zentimeter von den Hüften entfernt mit den Handrücken auf dem Boden.

Die Bauchatmung

Das Ziel dieser Übung ist, die Atmung mit dem Bauch intensiv zu üben. Viele Menschen atmen sehr oberflächlich, d. h., sie füllen eigentlich nur den obersten Teil der Lunge mit Luft. Ihr Blut ist ständig mit Sauerstoff unterversorgt.

2 Verbleiben Sie in der Endposition der vorherigen Übung »Kerze« und legen Sie beide Hände übereinander etwas oberhalb Ihres Bauchnabels hin.

- Atmen Sie zur Vorbereitung dreimal tief ein und aus.

- Dann beginnen Sie, langsam von ganz unten nach ganz oben Ihre Lunge vollständig zu füllen. Dabei drücken Sie mit aller Kraft die Bauchdecke nach oben. Die Hände heben sich.

- Behalten Sie die Luft in der Lunge, ohne sich zu verkrampfen, und drücken Sie weiterhin die Bauchdecke mit aller Kraft nach oben. Es scheint, als ob jeder Muskel Ihres Körpers dabei mithilft.

- Bevor Sie wieder ausatmen, entspannen Sie zuerst die gesamte Bauchmuskulatur.

- Atmen Sie für 30 Sekunden normal und entspannt.

- Wiederholen Sie dann die Übung höchstens dreimal.

Die Selbstbeobachtung

- Setzen Sie sich aufrecht hin – morgens oder mittags nach Osten und abends nach Westen gerichtet.

1 Verschränken Sie Ihre Beine zum Schneidersitz. Halten Sie die Wirbelsäule gerade und entspannt.

- Legen Sie die Hände in den Schoß oder mit nach oben zeigenden Handflächen auf die Knie – so, wie es Ihnen am bequemsten erscheint.

- Entspannen Sie das Gesicht. Stimulieren Sie kurz mit einem Fingernagel die Mitte zwischen Ihren Augenbrauen. Hier liegt Ihr »Drittes Auge«. Es blickt nicht wie die anderen beiden nach außen, sondern in die innere Welt. Nicht zufällig befindet sich dahinter im Gehirn der Hypothalamus, das oberste Steuerungsorgan für das Hormon- und Nervensystem.

- Atmen Sie ruhig und regelmäßig, ohne Kontrolle auszuüben. Schauen Sie einfach in sich hinein. Es ist unmöglich, die Gedanken abzustellen. Also versuchen Sie es gar nicht erst. Sie nehmen sie einfach wahr, gehen aber nicht auf sie ein.

- Es ist wie ein Fluss von Gedanken und Emotionen. Sie sind aber nicht diese Gedanken und Emotionen. Sie sind diejenige oder derjenige, der denkt und fühlt.

- Stellen Sie sich vor, Sie sitzen am schönen Ufer Ihres (Gedanken-)Flusses und beobachten.

- Ein Gedanke kommt und Sie lassen ihn einfach vorbeifließen. Es ist wirklich nicht not-

Mein Rat

Wenn Sie im Schneidersitz nicht bequem drei bis fünf Minuten lang verweilen können, ist es besser, Sie lehnen sich mit ausgestreckten Beinen an eine Wand oder Sie setzen sich auf einen Stuhl.

wendig, jedesmal in den Fluss zu springen, nur um in Ihren Gefühlen baden zu gehen. Wenn Sie es schaffen, ruhig am Ufer sitzen zu bleiben, dann wird dieser Fluss allmählich kleiner und wirkliche Ruhe und Frieden kehren ein. Dieser Zustand fühlt sich absolut herrlich an.

- Aber Achtung, das ist noch nicht das Ziel, denn es ist ja immer noch nur ein Gedanke! Im Yoga wird dieser Zustand Pratyahara (Innenschau) genannt und bildet die Voraussetzung für Dhyana (Meditation).

- Verbleiben Sie in dieser Stellung sitzen, so lange wie Sie möchten und es Ihnen angenehm ist.

Nordic Walking

Ayurveda zieht milde Sportarten vor, die die Gelenke nicht unnötig abnutzen. Das Konzept des sogenannten aeroben Trainings (mit Sauerstoff) war im Ayurveda lange vor unserer Zeit bekannt. Sport ist nur gesund, wenn er nicht übertrieben wird!

Für den modernen Mensch, der einen Großteil seines Lebens in sitzender Haltung verbringt, ist Nordic Walking der ideale Ausgleichsport. Die rhythmischen Bewegungen von Armen und Schultern verbessern die Atmung und lösen die angespannten Muskeln der Brust- und Halswirbelsäule. Die Füße verlassen beim Walking den Boden nicht und so werden die Gelenke geschont.

Nordic Walking ist der ideale Ausgleichssport für alle.

Regelmäßiges Schwimmen tut allen Konstitutionstypen in jedem Alter gut.

Schwimmen

Im Wasser sind wir nur noch ein Siebtel so schwer wie an Land. Der Auftrieb schont die Gelenke, was einen großen Vorteil für übergewichtige Menschen, Schwangere, Senioren und nach Verletzungen bedeutet. Das Element Wasser besitzt eine tausendmal größere Dichte als Luft. Der Wasserdruck verlangt deshalb von Herz, Lunge und Bewegungsapparat einen höheren Einsatz. Daher gehört Schwimmen zu den gesündesten Sportarten überhaupt und wird bereits in der ältesten Schriftensammlung, der Rig Veda, empfohlen.

Schwimmen ist für alle Konstitutionen geeignet. Vata- und Kapha-Menschen sollen sich aber nicht zu lange in Wassertemperaturen unter 21 °C bewegen.

Tanzen

Es existieren heute so viele Beschwerden, deren Ursache eine ungenügende Stimulation und Übung der im Körper unten liegenden Vitalzentren ist. Vor allem Frauen leiden unter einem Mangel solcher Anregung mehr als Männer.

Deshalb empfehle ich keine Tänze, bei denen eine Eisenstange an das Rückgrat montiert wird, sondern solche mit Hüftschwung: Bauchtanz, Salsa, Merengue, Zouk, brasilianische oder afrikanische Tänze. Schlüpfen wir aus den viktorianischen und preußischen Korsetts hinein in das wirkliche Lebensgefühl unserer Bäuche. Die Chakra-Lehre nennt das Energiezentrum, das eine knappe Handbreit unter dem Nabel liegt, den Sitz des Bewusstseins (Swadisthana) und das bedeutet nichts anderes, als dass unser Gehirn da unten sitzt. Mit ein paar tausend Jahren Verspätung kommen nun auch die Neurologen zu dieser Erkenntnis und das, obwohl sie – außer den passionierten Tänzern unter ihnen – immer noch mit den Köpfen denken.

Vorsicht ist geboten, weil beim Geschlechtsverkehr ein Vertrauenspartner und intensive Gefühle involviert sind. Das öffnet Tür und Tor für emotionale, ethische und soziale Konflikte, die den gesundheitlichen Nutzen ins Gegenteil kippen können.

Sex

Sex ist der ideale Schlank- und Glücklichmacher. Jeder Konstitutionstyp soll seine sexuelle Aktivität der jeweiligen Fitnesssituation anpassen oder entsprechende Gegenmaßnahmen zur Kompensation des Energieverlusts treffen. So gesehen verbietet Ayurveda niemandem sein Grundrecht auf sexuelle Entfaltung, sondern weist lediglich darauf hin, dass Energieverbrauch und Energiezufuhr ausgeglichen sein müssen.

In der ayurvedischen Physiologie gilt das Fortpflanzungsgewebe (Shukra Dhatu) als die Crème de la Crème aller Gewebearten. So wie aus Milch Sahne und aus Sahne Butter und aus Butter Ghee (Butterfett) entstehen und eine ständig höhere Potenz darstellen, so kumulieren sich die sechs Gewebe schließlich im hormonellen System. Deshalb ist es nur logisch, dass eine gute Immunität auch mit einer kräftigen Libido einhergeht und dass immunstärkende Therapien, Präparate, Nahrung und Lebensweise die Liebeskraft stärken. Eine Absenz von Lust geht andererseits immer einher mit dem Verlust der körperlichen wie psychischen Widerstandskraft.

Das beste aller Aphrodisiaka ist ein attraktiver liebender Partner.

Behandlungen zur Gesundheitspflege

Die Ölbehandlungen in der Ayurveda können Ihr Leben positiv verändern, denn selbst wenn Sie es schaffen, beim berühmtesten Arzt der Welt einen Termin zu ergattern, sind Sie nach spätestens einer Stunde wieder draußen und immer noch 23 Stunden lang auf sich selbst gestellt.

Letztlich kann nur jeder Einzelne für seine Gesundheit sorgen und das wirksamste Instrument dafür sind die ayurvedischen Ölbehandlungen.

Die Einsalbung

Eine Einsalbung mit warmen ayurvedischen Ölen senkt überschüssiges Vata, regeneriert die Zellen, beseitigt Gifte aus dem Gewebe, verhindert frühzeitiges Altern und belebt die Sinne. Einsalbung nenne ich es deshalb, weil das für die eigene Konstitution passende Öl aufgewärmt auf den ganzen Körper aufgetragen, für 20 bis 60 Minuten auf der Haut belassen und danach abgewaschen wird.

Wie ist ein solch massiver Effekt durch eine doch relativ einfache Behandlung möglich? Weil die Haut unser größtes Organ ist. Dazu kommt ihre Fähigkeit, Schlacken direkt ausscheiden zu können. Daher müssen Einsalbungen einige Zeit dauern, damit die Öle eindringen und die Schlacken herausholen können. Diese Schlacken müssen beim Duschen oder Baden gründlich abgewaschen werden.

So geht's
1 Stellen Sie die für Sie bestimmten Öle in der Flasche ins heiße Wasser. Das ayurvedische Öl nimmt dadurch keinen Schaden, auch wenn es wiederholt erwärmt wird.

- Achtung: Erwärmen Sie das Öl nicht direkt auf einer Hitzequelle.

- Nun bereiten Sie den Raum vor, in dem Sie die Einsalbung durchführen wollen. Am besten eignet sich dazu Ihr Badezimmer. Achten Sie darauf, dass die Raumtemperatur 26 bis 28 °C beträgt.

- Mit dem Öl auf dem Körper friert man sehr schnell. Ein abwaschbarer Hocker oder ein Sitzbrett in der Badewanne eignen sich gut

68 ANWENDUNGEN FÜR IHRE IMMUNFITNESS

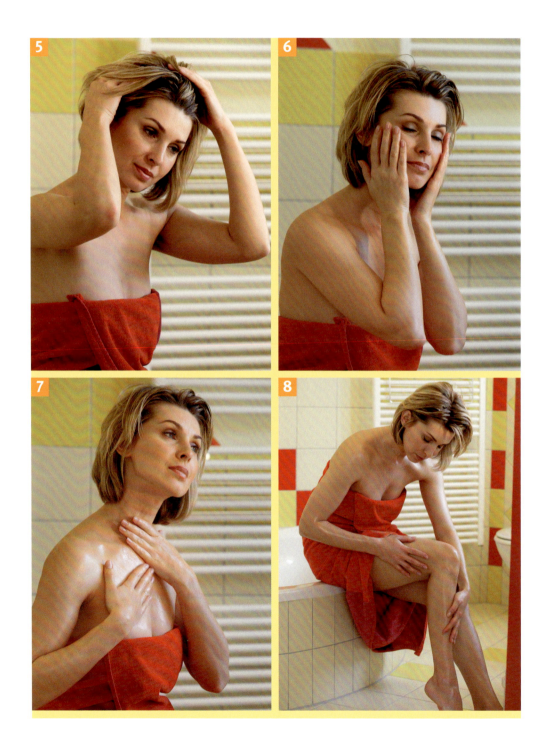

für diesen Zweck. Aber auch ein Badetuch auf dem Badezimmerboden reicht.

- Halten Sie auch ein Shampoo und ein Peeling bereit, um anschließend das Öl aus den Haaren und von der Haut zu waschen. Das Kopf- und Haaröl Bhringa eignet sich für diese ersten Schritte.

2 Beginnen Sie die Salbung, indem Sie zuerst warmes Öl in Ihre Handfläche geben.

3 Dann streichen Sie eine Handvoll Öl auf den höchsten Punkt Ihres Kopfes.

4 Nun geben Sie etwas Öl auf die Ohrmuscheln. Anschließend verteilen Sie auch Öl auf Nase, Nabel und Fußsohlen.

5–8 Im nächsten Schritt geht es darum, den ganzen Körper, beginnend am Kopf und endend bei den Füßen, mit reichlich warmem Konstitutions- oder Indikationsöl einzusalben. Vergessen Sie keinen noch so kleinen oder unbedeutend erscheinenden Fleck. Nichts soll trocken bleiben.

- Bei den ersten zwei Behandlungen brauchen Sie dazu deutlich mehr Öl, als wenn Sie die Einsalbung regelmäßig durchführen. Durchschnittlich benötigen Sie zwischen 40 und 70 Milliliter für eine Behandlung.

9 Damit ist Ihre Arbeit eigentlich schon getan. Nun müssen Sie den Ölen Zeit zum

Mein Rat

- Gönnen Sie sich nach Bad oder Dusche eine Ruhepause. Wenn die Einsalbung am Abend durchgeführt wird, können Sie sich danach ruhig schlafen legen.
- Halten Sie sich nicht direkt nach der Salbung im Freien oder im Durchzug auf. Sie können sich leicht verkühlen.
- Sie dürfen mit den Ölen auf Körper und Kopf auch nicht ins Freie gehen oder die Fenster offen halten, sondern müssen sich bewusst schützen. Ihr Organismus ist in dieser Zeit auf Regeneration und Entschlacken geschaltet und deshalb ist die normale Abwehr, d. h. Ihr natürlicher Schutzschild, reduziert.

Anwendungen für Ihre Immunfitness

Diese Ölbehandlung am Kopf ist angenehm und schützt unter anderem vor Haarausfall.

Einwirken lassen. Sie können währenddessen Zeitung lesen, meditieren, sich die Fingernägel maniküren oder tun, was Ihnen beliebt. Aber nicht vergessen: Alles, was Sie anfassen, wird ölig!

- Anschließend waschen Sie die Öle mit Hilfe von Shampoo und Peeling gut aus den Haaren und von der Haut, denn dort haben sich mittlerweile jede Menge Schlacken angesammelt. Sie müssen diese unbedingt entfernen.

- Falls sich Ihre Haut nach dem Waschen trocken anfühlt, können Sie ruhig wieder etwas vom gleichen Öl auf die Haut oder in die Haare geben.

Die Ölbehandlung für Kopf und Haare

Ein Hitzestau im Kopf führt zu Reduktion der Sehkraft, frühem Ergrauen und Haarausfall. Diese Ölbehandlung schützt Sie wirksam.

So geht's
- Wärmen Sie das Öl im Wasserbad auf Körpertemperatur.

- Geben Sie jeweils etwas warmes Öl in die Handfläche, dann auf den Scheitel und auf die ganze Kopfhaut. Massieren Sie es gut und mit kräftigen Bewegungen der Fingerkuppen ein.

- Kämmen Sie Ihre Haare und lassen Sie das Öl für ein bis zwei Stunden einwirken.

- Falls der Raum, in dem Sie sich aufhalten, kühl ist oder Sie vorhaben, im Haus herumzugehen, empfiehlt es sich, dass Sie die Haare mit einer Duschhaube abdecken. Das Öl zieht Ihnen regelrecht die Hitze aus dem Kopf und so sind Sie entsprechend anfällig für eine Erkältung.

- Waschen Sie das Öl anschließend mit einem geeigneten Shampoo gründlich aus.

Die verschiedenen Öle und ihre Wirkungen

Name des Öls	Anwendungsgebiet	Wirkung
Vata-Öl	Ganzkörperölmassagen, Gesichts- und Kopfmassage, Teilmassage, Ölguss, Fußmassage, Spezialbehandlungen wie Kadivasti; unterstützt bei Kältegefühl, Unruhe, Schlafstörungen, Gewichtsverlust, Knochenschwund, Ermüdung, Beschwerden des Bewegungsapparats	Vata regulierend, erdend, nährend, hautpflegend, beruhigend, wärmend, schmerzbesänftigend
Pitta-Öl	Ganzkörperölmassagen, Gesichts- und Kopfmassage, Teilmassage, Ölguss, Fußmassage, Spezialbehandlungen wie Hridavasti; unterstützt bei Hitzezuständen, Übersäuerung, irritierter und empfindlicher Haut, entzündlichen Zuständen	Pitta regulierend, kühlend, beruhigend, nährend, antiallergen, hautpflegend
Kapha-Öl	Ganzkörperölmassagen, Gesichts- und Kopfmassage, Teilmassage, Ölguss, Fußmassage, Spezialbehandlungen wie Kadivasti, Jambira Pinda Sweda; unterstützt bei Schwellungen, übermäßiger Bildung von Fettgewebe, Flüssigkeitsansammlungen, Durchblutungsstörungen, Erkältung	Kapha regulierend, wärmend, aktivierend, hautglättend, entschlackend, durchblutungsfördernd
Bhringa-Öl	Kopf- und Gesichtsmassage, Spezialbehandlungen wie Karnapurna, Shirodhara, Shirovasti, Nasatarpana; unterstützt bei Haarausfall, Schuppen, frühem Ergrauen, Beschwerden von Augen und Ohren, Schlafstörungen, Hitzestau im Kopf	Tridosha regulierend im Kopfbereich, mild nährend, leicht kühlend, beruhigend, augentonisch, pflegt Nase und Nebenhöhlen
Desha-Öl	Ganzkörperölmassagen, Gesichts- und Kopfmassage, Teilmassage, Ölguss, Fußmassage; unterstützt die Immunität, die Genesung, erhält das Gleichgewicht der Doshas	Tridosha regulierend, hautpflegend, mild nährend und wärmend, schützend
Twak-Öl	Ganzkörperölmassagen, Teilmassage, Fußmassage, Spezialbehandlungen wie Jambira Pinda Sweda, Teilkörper-Seka, Kadivasti; unterstützt bei Cellulite, Bindegewebeschwäche, Krampfadern, Flüssigkeitsansammlungen, Durchblutungsstörungen der Extremitäten	Kapha regulierend, hautstraffend, durchblutungsfördernd, entwässernd, wärmend
Deva-Öl	Ganzkörperölmassagen, Gesichts- und Kopfmassage, Teilmassage, Ölguss, Fußmassage, Baby- und Kindermassage; unterstützt bei empfindlicher Haut, Allergien	Vata und Pitta regulierend, gewebenährend, hautpflegend, mild, antiallergen
Gandusha-Öl	Ölziehen, Gurgeln; unterstützt bei Zahnfleischschwund, entzündlichen Erscheinungen im Mundbereich, schlechtem Mundgeruch, reguliert Mundschleimhäute, verbessert Geschmacksempfindung	Tridosha regulierend im Mund- und Rachenbereich, mundpflegend

Das Zungenschaben

Meine jahrelange Kampagne für den Einsatz des Zungenschabens hat sich gelohnt. Mittlerweile bietet jede Drogerie Zungenschaber an. Früher musste ich sie aus Indien mitbringen. Jeder, der den wunderbar erfrischenden Effekt des Zungenschabens einmal erlebt hat, wird nicht mehr ohne dessen hygienischen Komfort auskommen wollen. Die Geschmacksempfindung wird stark verbessert und schlechter Mundgeruch verhindert.

So geht's

- Als erste Maßnahme der morgendlichen Mundhygiene spülen Sie den Mund mit warmem Wasser aus.

1 Danach nehmen Sie den Zungenschaber, setzen ihn an der Zungenwurzel an und schieben ihn einige Male nach vorn über die möglichst weit herausgestreckte Zunge, bis der ganze Schmutz weg ist. Das Resultat im Waschbecken spricht Bände über Ihre Ernährungsweise und den Zustand Ihres Stoffwechsels.

- Sollte sich der Zungenbelag nicht vollständig entfernen lassen oder kommt er nach ein paar Stunden wieder zurück, so sind das untrügliche Anzeichen von starker Verschlackung (Ama).

Haben Sie eine solche starke Verschlackung bei sich festgestellt, treffen Sie am besten sofort Gegenmaßnahmen:

Behandlungen zur Gesundheitspflege 73

- Verzichten Sie beispielsweise auf das Abendessen.
- Überprüfen Sie, welche Nahrungsmittel Sie nicht vertragen.
- Verwenden Sie scharfe und bittere Gewürze bei Ihren Speisen.
- Planen Sie so bald wie möglich eine Ayurveda-Entschlackungskur.

Das Ölziehen

Im Gegensatz zur Zahnbürste oder zum Zungenschaber, die den Schmutz von der Gewebeoberfläche beseitigen, dringt das Öl in die tieferen Strukturen des Gewebes ein – dort, wo keine Zahnbürste und auch keine Zahnseide hinkommen – und holt die Schlacken heraus. Darüber hinaus verbessert das Ölziehen die Durchblutung des Zahnfleischs sowie des Rachenraums.

So geht's
- Verwenden Sie dazu ein spezielles Öl, wie beispielsweise Gandusha, oder ein biologisches Sesamöl.
- Um die Wirkung noch etwas zu verstärken, hilft auch hier das Anwärmen des Öls im Wasserbad.
2. Geben Sie nach dem Zungenschaben und vor dem Zähneputzen 20 bis 30 Milliliter Gandusha-Öl in ein kleines Schälchen oder Glas. Füllen Sie Ihren Mund mit dem Öl möglichst voll.

Was Ölziehen sonst noch bewirkt

Das regelmäßige Ölziehen schützt Zähne, Zahnfleisch und Rachen. Es beugt der Bildung von Eiterherden und Entzündungen im Mund und Rachen vor, verbessert die Stimme, reinigt die Speichelgänge und hilft bei trockenem Husten.

- Bewegen Sie das Öl für fünf bis zehn Minuten langsam im Mund hin und her. Spucken Sie es anschließend aus (nicht schlucken!) und spülen Sie mit warmem Salzwasser nach.

Die Ölbehandlung für die oberen Atemwege

Nase und Nasennebenhöhlen sind die Übergänge von der äußeren Atmosphäre in die unseres Körpers. Zum Schutz sind diese Organe mit Schleimhäuten ausgekleidet. Wenn sie austrocknen oder anschwellen, ist ihre Schutzfunktion reduziert und erkältungsbedingten sowie allergischen Entzündungen der Nebenhöhlen sind Tür und Tor geöffnet.
Die regelmäßige Pflege dieser Strukturen schützt vor unangenehmen und meist lang anhaltenden Beschwerden. Auch bei einer anatomischen Verengung der Nasengänge durch eine Verkrümmung der Nasenscheidewand ist Erleichterung möglich.

So geht's

1 Geben Sie dazu etwas Öl in ein Schälchen oder einen Esslöffel und erwärmen Sie es leicht in Ihrer Hand. Tauchen Sie den kleinen Finger in das Öl.

2 Massieren Sie nun mit Ihrem ölbenetzten kleinen Finger sanft das Innere der beiden Nasengänge.

- Drücken Sie mit Daumen und Zeigefinger die Nasenflügel zusammen, damit das Öl gut verteilt wird.

- Schnäuzen Sie anschließend ins Waschbecken, damit die vom Öl gelösten Schmutzpartikel beseitigt werden. Dazu halten Sie einen Nasenflügel mit zwei Fingern angedrückt, während Sie durch das andere Nasenloch kräftig stoßartig ausatmen.

- Danach tauchen Sie den kleinen Finger nochmals in das Öl, halten ihn in die Nase und schnupfen das Öl hoch.

- Wiederholen Sie den gleichen Vorgang im anderen Nasengang.

Die Augenpflege

Frühmorgens gilt es, die bröckeligen Schlacken, die nicht vom Sandmännchen, sondern von der Atmosphäre stammen, zu entfernen. Da die Augen von der Pitta-Energie dominiert sind, sollten sie immer mit möglichst kaltem Wasser ausgewaschen werden.

So geht's
- Den besten Effekt erzielen Sie, wenn Sie zuerst den Mund ganz mit Wasser füllen. So stehen die Augen vor und können besser gereinigt werden.

- Nehmen Sie kaltes Wasser in Ihre Handflächen und säubern Sie das ganze Auge samt Umgebung.

- Achtung: Seien Sie vorsichtig, dass Sie mit Ihren Fingernägeln das Auge nicht verletzen.

3 Danach sollte die Produktion der Tränenflüssigkeit angeregt werden, was eine zusätzliche Reinigung und einen Schutz der Augen bewirkt.

- Dazu verwendet man traditionell im Orient das Kajal. Es besteht aus zu feiner Holzkohle geriebenem Pulver, Ghee und Kampfer.

Variante
- Eine Alternative ohne den dekorativen Effekt ist, wenn Sie den vorderen Teil Ihres Zeigefingers in Ghee tauchen, das

> ### Mein Rat
>
> - Kajalstifte oder -paste sind auch im Handel erhältlich. Aber Vorsicht, kaufen Sie nur in Europa geprüfte Kosmetika, denn im Orient wird immer noch Bleioxyd als schwarzer Farbstoff benutzt und der sollte niemals mit Ihren Schleimhäuten in Kontakt kommen!
> - Für einen stärker reinigenden Effekt, z. B. nach einer Radtour oder Cabriofahrt, wenn sich viel Schmutz im Auge gesammelt hat, geben Sie das Ghee vor dem Einschlafen auf die unteren Augenlider. Menschen mit chronisch trockenen oder geröteten Augen werden diese Behandlung schätzen.

untere Augenlid mit dem andern Zeigefinger nach unten schieben und dort das Ghee wie einen Lidstrich auftragen. Das ist eine wunderbar reinigende und erfrischende Behandlung.

Die Schwitzbehandlungen

Unerwünschte Stoffwechselprodukte über die Haut loszuwerden ist effektiv und angenehm. Die Kreativität und Anpassungsfähigkeit der Menschen kennt keine Grenzen und so finden wir in jeder Kultur und jeder klimatischen Region verschiedenste Formen von Schwitzbehandlungen: die Schwitzhütte der Indianer, die finnische Sauna, den Hamam des Orients, Hot Stone, das Tepidarium der Römer u. v. m.

Schwitzkästen sind ideal, weil die Kopforgane dabei keiner Hitze ausgesetzt sind.

So wirkt die Hitze

Die einfache Regel ist, dass feuchte Wärme Vata und Kapha besänftigt, während trockene Hitze Kapha stark senkt. In beiden Fällen vermehrt sich natürlich das Pitta.

Trotzdem können Pitta-Typen von milden Schwitzbehandlungen profitieren. Generell ist für alle darauf zu achten, dass die Pitta-Regionen des Körpers, wie beispielsweise die Augen, bzw. Kopf, Herz und Hoden geschützt werden.

Schwitzkästen

- Aus dem oben genannten Grund ziehen wir im Ayurveda die Schwitzkästen mit einer Öffnung für den Kopf vor. Kopf und Genitalbereich können mit einem feuchten Handtuch geschützt werden.
- Im Idealfall sollten vor dem Schwitzbad der Körper und der Kopf mit Öl einmassiert werden.
- Nach einer Eigenölmassage ist es ideal, eine Schwitzbehandlung anzuschließen. Die verbesserte Durchblutung sorgt für eine optimale Ausscheidung der vom Öl gelösten Schlacken.

Trockene Hitze wie in der Sauna ist besonders wirksam, um Kapha zu reduzieren.

Sauna

Weiter verbreitet hierzulande ist die finnische Sauna.

- Ihre eher trockene Hitze ist besonders für Kapha- und Vata-Kapha-Typen geeignet.
- Vata-Konstitutionen tun gut daran, in der Sauna so richtig Dampf zu machen.
- Für Pitta-Menschen ist die Sauna eher nicht geeignet.
- Allen Typen rate ich allerdings generell von kalten Bädern nach den Saunagängen ab.

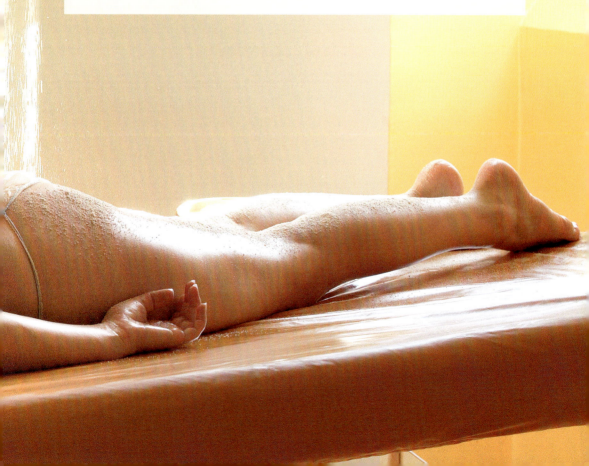

Ganzheitlich behandeln mit Ayurveda

Die Gesundheit ist dynamisch und gerät deshalb leicht aus dem Gleichgewicht. Hier finden Sie einfach umzusetzende Tipps, um zurück ins gesunde Gleichgewicht zu finden. Komplexe Zustände mit einfachsten Mitteln zu behandeln ist die Stärke von Ayurveda. So können Sie möglicherweise einen Besuch in einer Arztpraxis vermeiden.

Die häufigsten Beschwerdebilder von A bis Z

Bei den einzelnen Beschwerdebildern muss ich grundsätzlich auf die Grenzen der Selbstbehandlung hinweisen. Die empfohlenen Maßnahmen können und sollen eine unter Umständen erforderliche ärztliche Behandlung nicht ersetzen.

Auch dienen alle geschilderten Behandlungen der Stärkung der körperlichen und geistigen Widerstandskräfte und sind nicht auf eine Bekämpfung der Symptome ausgelegt. Ayurvedische Behandlungen können aus diesem Grund eher als Immuntherapie verstanden werden.

Akne

Abgesehen von hormonellen Auslösern können auch Nahrungsmittelunverträglichkeiten, Magen-Darm-Störungen, Zinkmangel und Stress Ursachen für Akne sein.

Die Behandlung
Generell sind bei Akne Zubereitungen aus adstringierenden (zusammenziehenden) Pflanzen angezeigt.

- **Tees**

In Betracht kommen dabei zum einen Tees aus Nimba (Antelea azadirachta), Eichenrinde, Honigklee, Hibiskus, Löwenzahn und Frauenmantel. Diese sollten einzeln oder als Teemischung kurmäßig über vier Wochen getrunken werden – täglich drei bis vier Tassen.

- **Waschungen**

Zum anderen sollten Abkochungen der genannten Pflanzen zu Waschungen angewendet werden: Dazu lässt man die Tees einfach abkühlen, tränkt einen Lappen und führt damit zweimal täglich Waschungen durch.

- **Masken**

Eine weitere Möglichkeit zur Behandlung sind Masken mit den genannten Heilpflanzen. Dazu verrührt man einige Löffel der Tees mit etwas Heilerde (für den äußerlichen Gebrauch). Diese Paste wird einmal täglich auf die betroffenen Hautstellen aufgetragen. Für zehn Minuten einwirken lassen und dann mit warmem Wasser abnehmen.

- **Ernährung**

Fettige, saure und salzige Speisen sowie Alkohol und Nikotin müssen zwingend gemieden werden.

Appetitlosigkeit

Hinter der ausbleibenden Esslust stecken meist eine unregelmäßige Ernährung und häufiges Naschen zwischen den Mahlzeiten. Im Ayurveda nimmt man dieses Problem sehr ernst, denn ein reduzierter Stoffwechsel ist die Ursache allen Übels.

Die Behandlung

Generell sind bei mangelndem Appetit alle Heilpflanzen und Kräuter angezeigt, die Kapha reduzieren.

- **Aperitif**

Bewährt hat sich ein Aperitif aus frischen, fein gehackten oder zerstoßenen Basilikumblättern. Dazu können Sie etwas heißes Wasser, versetzt mit dem Saft von einer halben Zitrone, einem halben Teelöffel fein gehackten frischen Ingwer und einem Teelöffel Honig, dreimal täglich vor den Mahlzeiten einnehmen.

- **Tee**

Nach den Mahlzeiten empfiehlt sich ein Tee aus Quendel, schwarzem Pfeffer und Wermut oder ein AYURVEDA RHYNER Detox Gewürztee. (Die Bezugsquelle hierfür finden Sie auf Seite 107).

- **Ernährung**

Auch die Ernährung sollte auf Kapha reduzierend umgestellt werden. Verzichten Sie auf alle Zwischenmahlzeiten und lassen Sie die Abendmahlzeit einfach weg, bis eine Besserung eintritt.

Arthrose und Arthritis

Arthrosen entstehen durch eine Abnützung des Gelenkknorpels. Eine Arthritis ist eine entzündliche Erkrankung eines oder mehrerer Gelenke und wird im Volksmund häufig als »Rheuma« bezeichnet.

Die Behandlung der Arthrose

Wenn der Grund für die Gelenkabnutzung eine einseitige Belastung (beispielsweise durch eine Verletzung) oder starkes Übergewicht ist, so muss diese Ursache korrigiert werden.

- **Öl**

Bei der Arthrose steht der Aufbau der Knochenstruktur im Vordergrund. Das kann gut mit täglichem Ölauftragen auf die befallenen Strukturen bewerkstelligt werden. Vata-Öl, das zuvor im Wasserbad auf 39 °C erwärmt wurde, versieht hier gute Dienste. Ideal ist, wenn danach mit einer Wärmequelle wie einem Wärmepack, Wärmflasche oder Wärmedecke nachbehandelt wird.

- **Kadivasti**

Wirksame ambulante Behandlungen bei Arthrose der Wirbelsäule sind Kadivasti. Dabei wird ein Ring mit Teig über der betroffenen Stelle aufgebaut. In den kleinen »Teich« kommt warmes Vata-Öl.

- **Ernährung**

Der Stoffwechsel muss – wo nötig – korrigiert werden und wahrscheinlich ist außer bei Kapha-Konstitutionen eine milde Vata reduzierende Ernährungsweise angezeigt.

Die Behandlung der Arthritis

- **Ayurveda-Kur**

Bei Arthritis liegt die Ursache meist in einem nicht richtig funktionierenden Stoffwechsel, die beseitigt werden muss. Hier hilft eigentlich nur eine intensive Behandlung, wie es bei

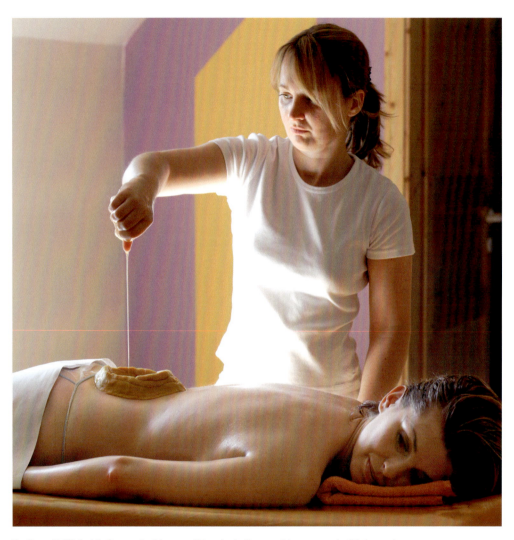

Kadivasti hilft bei Arthrose, Ischias- und Bandscheibenproblemen sowie Rückenschmerzen.

einer Ayurveda-Kur von mindestens zwei bis drei Wochen möglich ist.

- **Naturpräparate**

Sicherlich gibt es einige gute entzündungshemmende Naturpräparate wie beispielsweise Weihrauch (Boswellia serrata; zweimal täglich zwei Kapseln). Sie sind eine Alternative zu den herkömmlichen Medikamenten der westlichen Schulmedizin mit hohen Nebenwirkungen, aber letztendlich sind sie nicht die Lösung.

Asthma

Asthma ist eine chronisch entzündliche Erkrankung der Bronchien. Sie geht mit einer Einengung der Atemwege einher. Atemnot und Husten sind die typischen Symptome, die meist anfallsartig und in unterschiedlichen Schweregraden auftreten.

Die Behandlung
Das Asthma gehört in jedem Fall in ärztliche Behandlung! Die im Folgenden genannten Empfehlungen sind zusätzlich zu den vom Arzt verordneten Maßnahmen zu deren Unterstützung durchzuführen.

- **Naturpräparate**

Gute Wirkung zeigt eine Langzeitbehandlung mit Ashwagandha (Withania somnifera) und Vasaka (Adhatoda vasica), die kurmäßig in Kapselform zwölf Wochen lang eingenommen werden – je zweimal zwei Kapseln vor den Mahlzeiten.
Vasaka ist schleimlösend und eignet sich für Asthma mit Kapha- sowie Kapha- und Vata-Beteiligung.
Ashwagandha ist besonders effektiv bei allergischem Asthma.

- **Chyavanprash (Amalaki-Fruchtmus)**

Dies ist ein besonders gutes aufbauendes Mittel für die Atemwege.

- **Eigenölbehandlungen**

Regelmäßige Eigenölbehandlungen reduzieren Vata und damit die Anfallshäufigkeit.

- **Pancakarma**

Pancakarma-Behandlungen mit Vamana (therapeutisches Erbrechen) zeigen einen guten und lang anhaltenden Effekt bei Asthma. Man sollte drei Wochen dafür einplanen.

- **Ernährung**

Kalte Nahrungsmittel und Getränke sollten möglichst gemieden werden, ebenso auch körperliche Überanstrengung.

Blähungen

Zu reichhaltige und fette Speisen, blähende Lebensmittel oder kohlensäurehaltige Getränke, hastiges und vor allem unregelmäßiges Essen wie Essstörungen können zu Blähungen führen.

Die Behandlung
Zunächst muss bei der Behandlung berücksichtigt werden, wann die Beschwerden auftreten.

- **Blähungen bei leerem Magen**

Hier ist die Behandlung wie bei Appetitlosigkeit (siehe Seite 80 f.).

- **Blähungen unmittelbar oder binnen einer Stunde nach den Mahlzeiten**

Diese Blähungen entstehen aufgrund eingeschränkter Lebertätigkeit. Zwei Kapseln Bhumamalakadi (Phyllanthus niruri) nach jeder Mahlzeit einnehmen; dreimal täglich ein bis zwei Tassen Löwenzahntee direkt nach dem

84 GANZHEITLICH BEHANDELN MIT AYURVEDA

Yogaübungen, die die unteren Chakras stärken, sind bei Blasenschwäche angezeigt.

Essen trinken oder zwei Kardamomkapseln öffnen und die Samen langsam zerkauen. Die Ernährung muss Pitta reduzierend sein.

- **Blähungen drei bis vier Stunden nach den Mahlzeiten**

Hier hilft Asant einzeln oder in Kombination mit Kreuzkümmel, Fenchel und Koriander,

mit Honig vermischt und eingenommen. Die Ernährung sollte auf Vata reduzierend eingestellt und in sehr regelmäßigen Abständen gegessen werden.

Blasenschwäche

Bei einer Blasenschwäche geht der Urin unkontrolliert und unfreiwillig (z. B. beim Husten oder Lachen) ab. Der Grund dafür ist, dass die Koordination zwischen Schließmuskel und Blasenmuskulatur nicht mehr richtig funktioniert.

Die Behandlung

- **Naturpräparate**

Punarnava (Boerhaavia diffusa) und Gokshura (Tribulus terrestris) als Pulver (je einen Teelöffel in einer Tasse heißem Wasser) oder alternativ als Kapseln (je zweimal zwei Kapseln) einnehmen.

- **Tee**

Alternativ zu den genannten Präparaten kann man Brennnesselwurzel als Tee, täglich drei bis vier Tassen über acht bis zwölf Wochen hinweg, trinken.

- **Yoga**

Hier helfen am besten die beckenstärkenden Übungen.

- **Ernährung**

Achten Sie unbedingt darauf, nur warme Nahrung und Getränke zu sich zu nehmen.

Bluthochdruck

Erhöhte Blutdruckwerte verursachen zunächst, abgesehen von zeitweiligen Kopfschmerzen und Schwindelanfällen, kaum Beschwerden. Deshalb wird Bluthochdruck häufig erst spät erkannt.

Die Behandlung des Bluthochdrucks durch Arteriosklerose (sogenannte Arterienverkalkung)

- **Naturpräparat und Tees**

Bei arteriosklerotischen Prozessen, d. h., wenn die Herzkranzgefäße zu wenig durchlässig sind, muss eine längere und intensivere Behandlung mit Arjuna (Terminalia arjuna, zweimal zwei Kapseln) oder mit einer Teemischung aus Schafgarbe, Silberweide, Wacholder und Weißdorn (dreimal täglich eine Tasse über drei bis sechs Monate) ins Auge gefasst werden.

- **Nikotinverzicht**

Ganz klar und ohne Wenn und Aber muss dem Nikotin entsagt werden.

- **Yoga**

Ergänzend zu den medikamentösen Maßnahmen empfehlen sich Atemübungen aus dem Yoga, um mehr Sauerstoff in den Körper zu bringen.

- **Ayurveda-Kur**

Eine intensive Ayurveda-Kur von mindestens zwei Wochen sollte so bald wie möglich eingeplant werden.

- **Bewegung**

Reichlich Bewegung, am besten in Form von Ausdauersportarten wie beispielsweise Nordic Walking, Radfahren oder Schwimmen, sind angezeigt.

- **Ernährung**

Die Ernährung muss so angepasst werden, dass Übergewicht und erhöhte Bluttfettwerte abgebaut und eine Übersäuerung verhindert wird. Das kann mit einer Pitta oder Kapha reduzierenden Diät erreicht werden.

Die Behandlung des stressbedingten Bluthochdrucks

- **Naturpräparat**

Wenn der erhöhte Blutdruck vor allem stressbedingt ist, helfen Kräuter, die das Nervensystem aufbauen, wie Brahmi (Bacopa monniera, zweimal zwei Kapseln).

- **Tees**

Basilikum oder Baldrian als Tee wirken ebenfalls stärkend und aufbauend auf das Nervensystem.

- **Ölanwendungen**

Der berühmte Stirnölguss, Hridavasti (dabei wird ein »Ölteich« über dem Herzen gebaut), ayurvedische Massagen, aber auch sich selbst regelmäßig mit Öl einsalben sind bei Bluthochdruck wirksam.

- **Yoga**

Meditative Yogaübungen sorgen ebenfalls für eine sofortige Entspannung.

Burn-out-Syndrom

Nach einer Zeit körperlicher und seelischer Belastungen benötigt der Organismus eine Phase der Erholung, um wieder voll leistungsfähig zu werden. Wenn das nicht möglich ist, entsteht ein Burn-out, das »Ausgebranntsein«, das sich bei jedem Menschen anders äußern kann.

Der eine fühlt sich ständig müde und ohne Antrieb, der andere hingegen wird nervös, unruhig und mitunter auch aggressiv. Schlafstörungen sowie Herz- und Kreislaufbeschwerden sind weitere Anzeichen, ebenso depressive Verstimmungen – treffend »Erschöpfungsdepression« genannt.

Die Behandlung

- **Ernährung**

Zu viel Energie wurde verbraucht und zu wenig aufgenommen – das Resultat ist, dass alle geistig-körperlichen Reserven verbrannt sind – und das geschieht in einer Überflussgesellschaft, die wirklich nicht zu hungern braucht. Mit einer regelmäßigen und leichten konstitutionellen Ernährungsweise aus frischen und frisch zubereiteten Speisen kommt frische Kraft in den Körper.

Das funktioniert leider nicht immer, denn meist liegt der Stoffwechsel auch im Argen, was bedeutet, dass, selbst wenn Sie das Richtige essen, dieses nicht optimal in körpereigene Strukturen umgewandelt werden kann. Stoffwechselfördernde Kräuter und Gewürze wie Ingwer, Basilikum, Dill, Kümmel, Oregano, Rosmarin oder grüner Tee sind gefragt.

Regelmäßig Rosinen knabbern und in Speisen untermischen, Omega-3- und Omega-6-Fettsäuren, beispielsweise durch Präparate mit Nachtkerzen- oder Leinöl, geröstete Sesamsamen mit etwas Steinsalz versetzt, pur ins Essen (gibt es auch fertig als sogenanntes Gomiso), Amalaki-Fruchtmus sowie Magnesium, das nicht umsonst Antistressmineral genannt wird, eignen sich zum Aufbau der Energiedepots.

- **Naturpräparate**

Ayurvedische Kräuter wie Shatavari (Asparagus racemosus, zweimal zwei Kapseln), Ashwagandha (Withania somnifera, zweimal zwei Kapseln) oder Bala (Sida cordifolia, zweimal zwei Kapseln) für sechs bis acht Wochen schenken schnell neue Energie. Auch Ginsengwurzeln als Fertigpräparat erfüllen diesen Zweck.

- **Ayurveda-Kur**

Um aber schneller wieder zu sich selbst zu finden und die körperlichen Strukturen aufzubauen, führt kein Weg an einer Ayurveda-Aufbaukur (Rasayana) vorbei.

- **Massagen**

Eigenölmassagen oder ambulant durchgeführte Massagen nutzen zusätzlich noch den Hautstoffwechsel zur Aufnahme von frischen Nährsubstanzen. Dazu eignet sich das Auftragen von Vata-Öl jeden zweiten Tag.

- **Yoga und Bewegung**

Regelmäßiges Yogaüben und moderate Sportarten helfen beim Burn-out-Syndrom vor allem dem erschöpften Geist.

Cholesterinwerte, erhöhte

Wohin das Zuviel gesättigter Fette und sogenannter Trans-Fette führt, zeigt die Epidemie von Bluthochdruck, Übergewicht und Typ-2-Diabetes (»Altersdiabetes«). Dies alles sind Symptome des sogenannten metabolischen Syndroms, der wichtigsten ernährungsbedingten Erkrankung.

Die Behandlung
- **Ernährung**

Der Fettstoffwechsel muss korrigiert werden. Dabei hilft beispielsweise, dass Sie nur jeden zweiten Tag zu Abend essen, oder Sie wechseln auf eine strikte Kapha oder Pitta reduzierende Ernährung, bis die Werte wieder normal sind.

- **Heilkräuter**

Im Pflanzenreich gibt es verschiedene effektive Lipidsenker (Fettsenker). Allen voran stehen Weihrauch und Myrrhe. Die vielen darin enthaltenen Alkaloide werden allerdings nicht immer gut vertragen. Viele Menschen, vor allem Pitta- und Vata-Pitta-Konstitutionen, reagieren mit Hautausschlägen oder Allergien auf diese Inhaltsstoffe. Aber auch in Ihrem Garten wächst ein effektives Mittel, um das Cholesterin in den Griff zu bekommen: Bockshornklee. Nehmen Sie dreimal täglich einen Teelöffel gemahlene Bockshornkleesamen mit einer Tasse heißem Wasser vor den Mahlzeiten ein. Knoblauch hilft auch, den Cholesterinspiegel zu senken, und schmeckt in Speisen vorzüglich.

- **Bewegung**

Ihre Bewegung sollte sich aber nicht auf Pillenschlucken beschränken, Sie müssen sich auch möglichst viel sportlich betätigen, um Fett zu verbrennen. Ein erhöhter Cholesterinspiegel ist eine folgenreiche Erkrankung, die schlichtweg in 95 Prozent der Fälle vermeidbar ist!

Depressionen

Phasen, in denen man mutlos, niedergeschlagen und in schlechter Stimmung ist, kennt jeder. Von derartigen vorübergehenden Verstimmungen abzugrenzen sind echte Depressionen. Dabei handelt es sich um Stoffwechselstörungen im Gehirn. Wichtige Nervenbotenstoffe wie vor allem Serotonin sind in zu geringen Konzentrationen vorhanden und schicken die Seele auf Talfahrt.

Die Behandlung
- **Ölmassagen**

Ayurvedische Ganzkörperölmassagen verbessern die Serotoninproduktion und bewirken damit ein Glücksgefühl. Sie können in Form von Partnermassagen, therapeutisch oder im Rahmen einer Kurbehandlung durchgeführt werden.
Auch der Stirnölguss zeigt erwiesenermaßen gute Effekte bei depressiven Störungen.

- **Naturpräparate**

Die Kräuterapotheke bietet auch hier vielfältige Möglichkeiten: Brahmi (Bacopa monniera,

GANZHEITLICH BEHANDELN MIT AYURVEDA

Der Stirnölguss hilft auch bei Depressionen.

Zitronenmelisse, Lindenblüten, Muskat, Safran, Lavendel und Basilikum einzeln oder als Mischung (drei Tassen täglich, bis sich die Beschwerden bessern) sind hilfreich bei Depressionen.

- **Drogenverzicht**

Meiden Sie »Seelentröster« wie Alkohol und Drogen – sie werden das Stimmungstief nur noch verstärken!

- **Bewegung**

Treiben Sie Sport! Wie Studien belegen, ist regelmäßige Bewegung ein wirksames Antidepressivum.

- **Ernährung**

Die Ernährung muss dringend auf frische und frisch zubereitete Speisen umgestellt werden. So wie depressive Menschen immer und immer wieder ihre alten Gedanken »aufwärmen«, so hat auch Aufgewärmtes die gleiche Wirkung aufs Gemüt.

Durchfall

Durchfall ist eine ganz normale Abwehrreaktion des Körpers und somit zunächst kein Grund zur Beunruhigung. Durch die gesteigerte Darmtätigkeit versucht der Körper, krank machende Keime (wie Bakterien) oder schädliche Substanzen möglichst schnell wieder loszuwerden. Aus diesem Grund sollte eine Durchfallerkrankung möglichst nicht durch eine Medikamenteneinnahme unterdrückt werden.

in akuten Phasen dreimal zwei Kapseln, sonst zweimal zwei Kapseln), Ashwagandha (Withania somnifera, zweimal zwei Kapseln), vor allem wenn Ängste mit im Spiel sind.

- **Tees**

Eine Teemischung aus Ginseng, Eisenkraut und Rosmarin (täglich drei Tassen), Tee aus

Die Behandlung

- **Flüssigkeitszufuhr**

Die durch die vermehrte Damrausscheidung verlorene Flüssigkeit muss unbedingt ersetzt werden – trinken Sie häufig und in kleinen Mengen Elektrolytlösungen sowie Wasser, schwarzen Tee mit Zucker oder – was sehr effektiv ist – Reiswasser, d. h. das Wasser, das übrig bleibt, nachdem Sie ungekochten Reis damit gewaschen haben. Das funktioniert natürlich nicht mit vorgekochten Reissorten. Meiden Sie Milch, Alkohol und Kaffee sowie süßstoffhaltige Limonadengetränke, denn sie verschlimmern den Durchfall.

- **Ernährung**

Fasten Sie für einige Stunden. Danach essen Sie ein wenig frisch gekochten Reis, den Sie vorher mit etwas Joghurt vermischen. Damit es auch schmeckt, streuen Sie etwas gerösteten und gesalzenen Sesam darüber. Nach Abklingen der Durchfälle sollten Sie fette, üppige Speisen für einige Tage meiden.

- **Tee**

Trinken Sie täglich drei Tassen frisch gebrühten Frauenmanteltee – das beruhigt den überaktiven Darm.

- **Naturpräparate**

Bei Durchfall im Rahmen entzündlicher Darmerkrankungen, wie beispielsweise Morbus Crohn, hilft Shallaki (Boswellia serrata, zweimal zwei Kapseln), Devadaru (Cedrus deodara, zweimal zwei Kapseln) oder bei Durchfall mit Fieber Guduci (Tinospora cordifolia, dreimal zwei Kapseln).

Erkältungskrankheiten

Erkältungskrankheiten – auch grippale Infekte genannt – beginnen in den meisten Fällen mit einem Schnupfen, seltener mit leichtem Fieber. Später können noch Halsschmerzen, Husten, Kopf- und Gliederschmerzen hinzukommen. Von grippalen Infekten grundsätzlich abzugrenzen ist die »echte« Grippe, ausgelöst durch die sogenannten Influenzaviren. Die Symptome sind ähnlich wie bei Erkältungskrankheiten, jedoch sehr viel stärker und plötzlich auftretend. Dazu bestehen ein erhebliches Krankheitsgefühl sowie meist auch hohes Fieber und Gliederschmerzen.

Die Behandlung

- **Ernährung**

Im Anfangsstadium helfen Fasten oder leichte Nahrung, denn Magen und Dünndarm sind die Ursprungsorte. Danach wird entsprechend den involvierten Bioenergien behandelt:
- **Bei Kapha** entstehen Symptome wie starker Ausfluss, Verschleimung, Kältegefühl und Appetitlosigkeit. Hier empfehle ich eine sofortige Reduktion der Nahrungsaufnahme um zwei Drittel, heißes Wasser trinken, Heilkräuter wie Ingwer, Basilikum, Engelwurz (Angelica; Achtung: nicht in der Schwangerschaft oder bei Diabetes!), Schafgarbe und Spitzwegerich.
- **Bei Vata** zeigen sich Kältegefühl, Reizhusten und Halsschmerzen. Trinken Sie größere Mengen heiße Tees aus Thymian, Süßholz, Guduci (Tinospora cordifolia), getrocknetem Ingwer und Salbei.

Ein heißer Kapha- oder Detox-Kräutertee wirkt bei Grippe und Erkältungskrankheiten.

- **Bei Pitta** erscheinen Symptome wie hohes Fieber, Durchfall, Ausfluss oder Abhusten von eitrigem Schleim. Geben Sie unbedingt Ruhe, denn besonders Kopfarbeit verschlimmert den Zustand! Ideale Kräuter sind Guduci (Tinospora cordifolia, in der akuten Phase bis dreimal zwei Kapseln, sonst zweimal zwei Kapseln) oder Tees aus Centaurium (Fieberwurz, Tausendgüldenkraut), gelber Enzian (Gentiana lutea) oder Kamille.

- **Weitere Empfehlungen**
Bereits bei den ersten Anzeichen einer Erkältung sollten Sie Ihren Körper schonen und Anstrengungen vermeiden. Trinken Sie viel, geben Sie Öltropfen in die Nase und gurgeln Sie mit Öl.

Fußpilz

Die sogenannte Mykose (Pilzinfektion) tritt meist zwischen den Zehen auf, die dicht beieinanderliegen. Um einer Mykose zu erliegen, muss die Haut anfällig sein. Auf feuchter und aufgeweichter Haut, nach Behandlung mit Antibiotika und Kortison sowie bei einem geschwächten Immunsystem haben die Pilze ein leichtes Spiel.

Die Behandlung
- **Vorbeugung**

Zehenzwischenräume immer gut abtrocknen ist eine der wirksamsten Strategien wider den Pilzbefall, wenn auch etwas zeitaufwendig. Tragen Sie darüber hinaus in öffentlichen Schwimmbädern und Saunen immer Badeschuhe. Strümpfe und Schuhe aus Naturmaterialien vermindern auch das Risiko von Pilzerkrankungen.

- **Fußbad**

Nehmen Sie täglich zwei Wochen lang ein zehnminütiges Fußbad mit Salzwasser und Thymian. Trocknen Sie Füße, Nägel und Zehenzwischenräume gut ab und ölen Sie diese mit Neemöl ein.

- **Ernährung und Schlaf**

Zudem muss natürlich auch Ihr Immunsystem aufgebaut werden. Das können Sie mit frischer konstitutioneller Ernährungsweise und einem geregelten Schlaf-wach-Rhythmus erreichen.

Hämorrhoiden

Dabei handelt es sich um blutgefüllte Gefäßpolster im Enddarm, die den After abdichten. Wird beim Stuhlgang stark gepresst, können die Gefäße auch einreißen. Das führt zu Schmerzen während des Stuhlgangs. Häufig findet sich hellrotes Blut im Stuhl. Typisch sind auch Juckreiz und ein brennendes Gefühl am After. Analfissuren (Einrisse) und juckende Ekzeme bereiten ähnliche Beschwerden.

Die Behandlung
- **Analdusche**

Die einfachste und wirksamste Abhilfe schafft ein kaltes Abduschen des Analbereichs nach jedem Stuhlgang. Trocknen Sie unbedingt danach den ganzen Bereich vollkommen ab. Das ist auch die ideale Behandlung von Analfissuren.

- **Ölmassagen und Naturpräparate**

Falls die kalten Duschen nach zwei Wochen nicht den gewünschten Erfolg bringen und Sie gleichzeitig unter Krampfadern leiden, dann muss die Bindegewebeschwäche behandelt werden. Hier helfen tägliche Massagen mit Twak-Öl und gewebestärkende Präparate wie Lohabhasma (Asche aus Eisen) und Ashwagandha (Withania somnifera).

- **Bewegung und Yoga**

Bewegung und Yogaübungen, die die unteren beiden Chakras aktivieren, fördern auch die Ausscheidung.

- **Ernährung**

Ernähren Sie sich so, dass der Stuhl weich und regelmäßig sowie ohne starken Druck auszuüben entleert werden kann.

Kopfschmerzen

Spannungskopfschmerzen sind am häufigsten: Nahezu jeder kennt die dumpfen Schmerzen, die aus einer Richtung auf den Kopf drücken und sich zuweilen auch wie ein Band um den Kopf legen. Auslöser sind u. a. Verspannungen der Nackenmuskulatur, Stress, Zugluft, Sauerstoffmangel und Wetterwechsel.

Die Behandlung
- **Entspannung**

Oft hilft es schon, sich einfach einmal zu entspannen: in der warmen Badewanne, bei einem Spaziergang an der frischen Luft oder Sie legen sich einfach für eine Weile ins Bett.

- **Massagen**

Gut wirksam sind alle Formen von Massagen – eine Ganzkörperöl- oder Kopfmas-

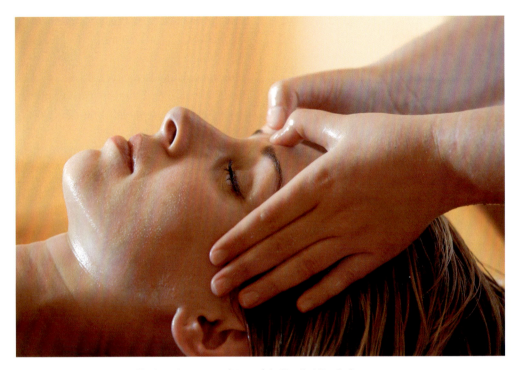
Kopfmassagen mit ayurvedischer Akupressur (Marma) helfen bei Kopfschmerzen.

sage –, denn sie besänftigen das überschüssige Vata, das für den Schmerz verantwortlich ist.

- **Ölklistier**

Eine weitere sehr effektive Anti-Vata-Maßnahme und damit automatisch auch ein Mittel gegen Kopfschmerz ist ein Ölklistier. Wärmen Sie dazu im Wasserbad etwas Sesamöl oder Vata-Öl auf und ziehen Sie davon 50 Milliliter mit einer Einmalspritze auf. Stecken Sie einen Frauenkatheter (etwa 18 Zentimeter lang, acht Millimeter breit) darauf, legen Sie sich auf die linke Seite mit angezogenem rechtem Bein, führen Sie die Spritze in den After ein und entleeren Sie den Inhalt. Bleiben Sie zehn Minuten liegen. Das Öl kann ruhig bis zu 24 Stunden im Darm verbleiben. Spritze und Katheter erhalten Sie in der Apotheke.

- **Augentest**

Hinter Kopfschmerzen kann sich auch eine Sehstörung verbergen. Lassen Sie also einmal beim Augenarzt oder Optiker Ihre Sehfähigkeit testen, vielleicht brauchen Sie gegen Ihre Beschwerden schlichtweg eine Brille.

- **Blutdruckkontrolle**

Ein anderer möglicher Auslöser für Kopfschmerzen ist ein erhöhter Blutdruck. Messen Sie bei Kopfschmerzen regelmäßig Ihren Blutdruck, um einen Zusammenhang auszuschließen.

● **Ölmassage und Yoga**
Schließlich kann ein sogenanntes Zervikalsyndrom die Kopfschmerzen verursachen. Hier helfen das tägliche Einölen des Nackens mit Vata-Öl sowie Yogaübungen, die die Halswirbelsäule entlasten und Haltungsfehler korrigieren.

● **Regelmäßigkeit**
Strukturieren Sie Ihren Tagesablauf unbedingt geregelter. Das betrifft vor allem regelmäßige Essenszeiten. Versuchen Sie auch, möglichst immer zur gleichen Uhrzeit ins Bett zu gehen und aufzustehen. Das ist keineswegs so banal, wie es scheinen mag, sondern schon für so manchen Kopfschmerzpatient eine wirksame Hilfe gewesen.

● **Flüssigkeitszufuhr**
Trinken Sie ausreichend: Flüssigkeitsmangel erhöht die Anfälligkeit für die schmerzhaften Attacken.

Menstruationsbeschwerden

Probleme mit der Periode haben mannigfache Ausprägungen: Von Schmerzen vor und während der »Tage« reicht die Palette weiter über das berüchtigte prämenstruelle Syndrom (PMS) zu den Zyklusstörungen, d. h. zu seltenen, zu häufigen, zu schwachen oder zu starken Regelblutungen.

Körperliche Ursachen können Erkrankungen der Geschlechtsorgane, Über- oder Unterfunktion der Schilddrüse, Diabetes wie auch Leber- und Nierenerkrankungen sein. Auch Klimaumstellungen, Über- oder Mangelernährung sowie Leistungssport können in den Hormonhaushalt eingreifen und sich so auf die Menstruation auswirken.
Häufig sind die Auslöser für Menstruationsbeschwerden jedoch im Bereich der Psyche zu suchen: Im Zyklusgeschehen spiegelt sich vielfach das seelische Befinden wider. Stress, Konflikte in der Partnerschaft und im Sexualleben oder auch ein unerfüllter Kinderwunsch – all das kann zum Tragen kommen.

Die Behandlung
Zyklusstörungen haben viele Gesichter und entsprechend muss die Behandlung darauf eingestellt werden.

● **Polymenorrhoe**
Ist der Abstand zwischen zwei Blutungen kürzer als 25 Tage, spricht man von Polymenorrhoe. Zur Regulierung helfen regelmäßige Eigenölbehandlungen mit einem konstitutionellen Öl und die Einnahme von Ashoka (Saraca indica, zweimal zwei Kapseln). Dieses Präparat sollte während der Blutungen jeweils für fünf Tage ausgesetzt werden. Weiter hilft ein Frauenmanteltee (dreimal täglich eine Tasse).

● **Oligomenorrhoe**
Beträgt der Abstand zwischen zwei Blutungen mehr als 35, aber weniger als 45 Tage, liegt

eine Oligomenorrhoe vor. Hier sind menstruationsfördernde Maßnahmen angezeigt. Interessanterweise helfen auch hier ayurvedische Ganzkörpermassagen mit einem konstitutionellen Öl.

Auch Ashoka und Frauenmantel können, wie unter »Polymenorrhoe« beschrieben, eingenommen werden. Wenn Leistungssport betrieben wird oder Essstörungen vorliegen, dann muss zuerst eine Regulierung in diesen Bereichen stattfinden. Das Vermeiden der verursachenden Faktoren ist immer die wirksamste Kur.

- **Amenorrhoe**

Bleiben die Blutungen öfter als dreimal hintereinander aus, ohne dass eine Schwangerschaft vorliegt, handelt es sich eine Amenorrhoe. Aufbauende und menstruationsfördernde Behandlungen und Präparate sind empfehlenswert, am besten in Form einer ayurvedischen Aufbaukur von mindestens einer Woche. Shatavari (Asparagus racemosus, zweimal täglich ein bis zwei Kapseln) und Mönchspfeffertee (dreimal täglich eine Tasse) sind starke Aufbaumittel für das weibliche Fortpflanzungsgewebe.

- **Menorrhagie**

Wenn die Blutung länger als sieben Tage andauert, handelt es sich um eine Menorrhagie. Hier kommen blutungsstillende Präparate zum Einsatz. Allen voran bieten sich Ashoka (Saraca indica, bei starken und anhaltenden Blutungen dreimal zwei Kapseln, sonst zweimal zwei Kapseln) und Frauenmanteltee (viermal täglich eine Tasse) an.

- **Dysmenorrhoe**

Ziehende Rücken- und Bauchschmerzen, mitunter auch Bauchkrämpfe treten bei einer Dysmenorrhoe auf. Darunter leiden vor allem Frauen mit Vata in ihrer Konstitution oder es liegt – wenn Blockaden die Ursache sind – zusätzlich ein Kapha-Überschuss vor. Die Behandlung beim Vata-Typ sieht eine lokale Ölmassage auf Bauch und Rücken mit möglichst warmem Vata-Öl vor. Danach sind Ruhe und eine Wärmeflasche auf dem Unterbauch angezeigt. Wenn die Beschwerden nicht abnehmen, hilft oft ein Öleinlauf mit 100 Milliliter Sesamöl. Einige Tage vor Beginn der Menstruation sollte auf eine Vata reduzierende Ernährung umgestellt werden. Bei Ansammlungen und Blockaden im Unterleib sind die Einnahme von Myrrhe (Commiphora mukul, dreimal eine Kapsel) und Weihrauch (Boswellia serrata, zweimal zwei Kapseln) empfehlenswert. Hier müssen die Hüften beim Tanzen oder bei Gymnastik geschwungen werden. Eine Anti-Kapha-Ernährung sollte möglichst strikt eingehalten werden.

- **Prämenstruelles Syndrom**

Bei prämenstruellen Beschwerden ist meist die Pitta-Energie im Überschuss vorhanden. Kurz vor Einsetzen der Blutung mischt sich zusätzlich Vata dazu und die Symptome manifestieren sich noch akuter. Meiden Sie saure, scharfe und salzige Speisen sowie Alkohol nach dem Eisprung und setzen Sie sich möglichst keiner intensiven Hitze aus (heiße Bäder, Sauna, Sonnenbaden etc.). Unterlassen Sie intensive Kopfarbeit und vermeiden

Sie Stress, trinken Sie jede Menge auf Körpertemperatur abgekühlte Tees mit Rosenblüten und Himbeerblättern.

Abends trinken Sie eine warme Flüssigkeit mit zwei Esslöffeln Olivenöl oder Ghee für ein bis zwei Wochen.

Mundgeruch

Mundgeruch kann viele Gründe haben: Er kann beispielsweise infolge einer Mundschleimhautentzündung auftreten. Der schlechte Atem kann aber auch ein Zeichen dafür sein, dass Ihr Verdauungssystem gestört ist. Häufig liegt dem Übel allerdings einfach ein defekter Zahn zugrunde.

Die Behandlung
- **Mundpflege**

Die Behandlung beginnt mit morgendlichem Zungenschaben und Ölziehen mit Gandusha-Mundspülöl. Danach Gurgeln Sie mit warmem Salzwasser.
Nach jedem Essen kauen Sie die Samen von drei Kardamomkapseln.

- **Pancakarma und Ernährung**

Wenn der Körper aufgrund einer Stoffwechselstörung stark verschlackt ist, muss eine Pancakarma-Reinigungskur durchgeführt werden. Das ist allerdings nicht immer möglich und die Schlacken sollen ja möglichst schnell eliminiert werden. Also verzehren Sie für ein bis zwei Wochen nur 50 Prozent Ihrer normalen Nahrungsmenge.
Nehmen Sie vor jedem Essen einen heißen Ingwertee ein und essen Sie grundsätzlich nur, wenn Sie starken Hunger verspüren.

Nasenbluten

Zu Nasenbluten kann es durch heftiges Schnäuzen oder Niesen, durch eine Verletzung der Nasenschleimhäute und natürlich auch nach einem Stoß auf die Nase kommen.

Die Behandlung
- **Ölbehandlung**

Reiben Sie das Naseninnere täglich morgens mit ein wenig Sesamöl ein und schnupfen Sie davon jeweils ein bis zwei Tropfen hoch. Diese Maßnahme ist auch eine gute Vorbeugung gegen Nasennebenhöhlenentzündungen (Sinusitis).

Erste Hilfe bei Nasenbluten

Beugen Sie bei Nasenbluten den Kopf nicht nach hinten, sonst läuft das Blut in den Rachenraum und muss ausgespuckt oder geschluckt werden. Besser: hinsetzen und den Kopf nach vorn beugen. Dann beide Nasenlöcher fünf Minuten lang fest zudrücken und dabei durch den Mund atmen. Aus Watte oder einem Papiertaschentuch etwa zwei Zentimeter lange Tampons formen, diese leicht mit kaltem Wasser anfeuchten und in die Nase stecken.

»Schnupfen«
Ein Dekokt von Augentrost oder frischer Saft davon kann geschnupft werden. Die adstringierende Wirkung ist blutstillend. Zudem hat Augentrost eine antiseptische Wirkung.

Neurodermitis

Bei Neurodermitis handelt es sich um eine Hauterkrankung – ein dauerhaftes und häufig stark juckendes Ekzem. Allerdings wechseln meist beschwerdefreie Zeiträume mit akuten Krankheitsschüben ab. Die Ursachen für diese weitverbreitete Erkrankung sind noch nicht endgültig geklärt.

Die Behandlung
Das Einreiben mit irgendwelchen Cremes wird hier keine Abhilfe und im besten Fall nur eine leichte Linderung verschaffen. Die Krankheit muss von innen über den primären Stoffwechsel und über den Ausgleich der Psyche behandelt werden.

- **Innerliche Ölanwendung**
Nehmen Sie jeden Abend – bis die Symptome der Haut sich merklich reduziert haben – ein bis zwei Esslöffel Olivenöl oder Ghee mit einem Teelöffel Leinöl in einer warmen Flüssigkeit zu sich. Und achten Sie darauf, dass Sie täglich einen guten Stuhlgang haben.

- **Äußerliche Ölanwendung**
Massieren Sie die betroffenen Hautstellen mit einer Mischung von Deva-Öl und Ghee ein. Bei extrem trockener Haut können Sie noch eine kleine Menge Rizinusöl dazugeben. Auf entzündete Hautpartien Sesamöl mit etwas Ghee vermischt auftragen. Nach dem Auftragen auf die betroffenen Stellen sollte auch der ganze Körper mit einem milden Öl wie Deva- oder Pitta-Öl sanft eingerieben werden.

- **Körperpflege**
Bei der Körperpflege müssen Sie alles meiden, was die Haut zusätzlich reizen und austrocknen kann.
Dazu gehören ausgedehnte Wannenbäder oder die Verwendung von Seife. Am besten geeignet sind Produkte, die weder allergiefördernde Duftstoffe noch Konservierungsmittel enthalten.

- **Yoga**
Üben Sie regelmäßig entspannendes und meditatives Yoga oder Tanz.

- **Ayurveda-Kur**
Ayurveda-Kuren mit intensiveren ausleitenden Verfahren haben meist einen guten Heilerfolg.

- **Reizklima**
Oft kann ein Aufenthalt an der See das Leiden lindern, da sich Reizklima, allergiearme Luft und hohe UV-Strahlung positiv auf die Neurodermitis auswirken.

- **Ernährung**
Die Ernährungsweise muss auf eine milde Vata oder eine warme Pitta reduzierende Diät

umgestellt werden. Stark erhitzende, scharfe, saure sowie salzige Speisen sollten Sie strikt meiden.

Niedriger Blutdruck

Ein unter dem Normbereich liegender Blutdruck (Hypotonie) muss eigentlich nicht behandelt werden – im Gegensatz zum meist lange beschwerdefrei bleibenden Bluthochdruck (Hypertonie). Die Veranlagung, die vor allem bei schlanken und großen Menschen (Vata- und Vata-Pitta-Konstitutionen) häufig besteht, zeitigt allerdings mitunter recht unangenehme Folgen: Müdigkeit, geringe Leistungsfähigkeit, Konzentrations- und Antriebsschwäche, kalte Hände und Füße, generelle Kälteempfindlichkeit, oft auch Schwindelanfälle und Schlafstörungen.
Typisch ist auch der Blutdruckabfall im Stehen, vielen Menschen mit niedrigem Blutdruck gut bekannt durch »Schwarzwerden« vor den Augen und ein Leeregefühl im Kopf. So kann niedriger Blutdruck, je nach Ausprägung der Symptome, durchaus eine Behandlung nötig machen.

Die Behandlung
- **Bewegung**

Vor allem morgens ist der Blutdruck an seinem Tiefpunkt angelangt. Dagegen helfen »Radfahren«, noch vor dem Aufstehen im Bett, und anschließend zweimal zehn Kniebeugen am offenen Fenster. Regelmäßige Work-outs bringen den Kreislauf auf Touren.

- **Naturpräparat**

Ashwagandha (Withania somnifera, zweimal zwei Kapseln) ist ein wirksames Mittel bei niedrigem Blutdruck.

- **Rosmarin**

Das ätherische Öl des Rosmarins, verdünnt mit etwas Honig als Badezusatz, oder Rosmarintinktur zur täglichen Einreibung des Körpers unterstützt den Kreislauf.

- **Ernährung**

Eine Tasse Gemüsebrühe liefert Salz plus Flüssigkeit und bringt so den Blutdruck schnell in die Höhe. Generell sollte auf einen guten Salzkonsum geachtet werden. Benutzen Sie dazu jedoch nicht das konventionelle Kochsalz, sondern Himalaja- oder natürliches Steinsalz.

Osteoporose (Knochenschwund)

Bei Osteoporose, dem sogenannten Knochenschwund, ist das Gleichgewicht aus Knochenauf- und -abbau gestört. Das Knochenmaterial wird weit über das normale Maß hinaus abgebaut. Dadurch wird der Knochen dünner und kann leichter brechen.
- Die häufigste Ursache von Osteoporose ist der Östrogenmangel bei Frauen nach den Wechseljahren. Männer sind von Osteoporose durch Testosteronmangel dagegen nur selten betroffen.
- Ebenfalls häufig ist die Altersosteoporose ab dem 70. Lebensjahr, sie kommt bei beiden Geschlechtern vor.

Regelmäßige Ölmassagen sind ein wirksamer Schutz bei Osteoporose und Spontanfrakturen (ohne Gewalteinwirkung auftretenden Knochenbrüchen).

Im Anfangsstadium treten nur wenige Beschwerden wie gelegentlicher Rückenschmerz auf. Typisch für die fortschreitende Osteoporose sind Knochenbrüche ohne erkennbaren Anlass, sogenannte Spontanfrakturen.

Die Behandlung

- **Ölmassagen**

Ganzkörperölmassagen zweimal im Monat bei einem Therapeuten und zweimal in der Woche als Eigenölmassage mit Vata-Öl, gefolgt von einem Ganzkörperschwitzbad, reduziert das Risiko einer Spontanfraktur effektiv und in wenigen Wochen.

- **Ernährung**

Der Stoffwechsel muss – wo nötig – korrigiert werden und wahrscheinlich ist außer bei Kapha-Konstitutionen eine milde Vata reduzierende Ernährungsweise angezeigt. Organisches Kalzium von Korallen, Muscheln oder Hirschhorn kann – wenn mit einem fettigen Medium wie heißer Milch konsumiert – viel besser resorbiert werden als in Form von Brausetabletten.

- **Einläufe und Ayurveda-Kuren**

Empfehlenswert sind bei Osteoporose auch nährende Einläufe, die allerdings unbedingt von einem Experten durchgeführt werden sollten, sowie regenerative Ayurveda-Kuren. Übrigens: Von Hormonersatzbehandlungen (HET) raten mittlerweile auch schon viele Gynäkologen ab.

Potenzstörungen (erektile Dysfunktion)

Umgangssprachlich sind mit der erektilen Dysfunktion (ED) meist Erektionsstörungen gemeint, d. h., der Penis versteift sich nicht ausreichend oder die Erektion kann nicht lange genug gehalten werden, um einen befriedigenden sexuellen Akt zu erleben. Mediziner unterscheiden zwischen Erektionsstörungen und Unfruchtbarkeit. 70 bis 80 Prozent der Potenzschwierigkeiten sind auf körperliche Ursachen zurückzuführen. Trotzdem spielt die Seele hier eine große Rolle. Psychische Faktoren können leichte körperliche Defekte so weit verstärken, dass im Bett nichts mehr geht. Bei 20 bis 30 Prozent können Hemmungen oder Ängste dahinterstecken, wenn der Penis streikt, aber auch ein Protest gegen das »Starker-Mann-sein-Müssen«, Leistungsdruck und Stress.

Die Behandlung
- **Naturpräparate**

Bei Potenzstörungen verleiht Ashwagandha (Withania somnifera, dreimal täglich zwei Kapseln über 35 Tage) nicht nur mehr Potenz, sondern stärkt auch die Psyche. Wenn man es mit Gokshura (Tribulus terrestris, zweimal täglich zwei Kapseln und das Ashwagandha auch auf zweimal zwei Kapseln reduzieren) kombiniert, wird es bekömmlicher für Männer mit starker Pitta-Komponente. Wirksamer Spermavermehrer ist die indische Juckbohne (Mucuna pruriens, zwei- bis dreimal täglich zwei Kapseln). Alle drei beschriebenen Pflanzen sind wirksame Aphrodisiaka, wobei Ayurveda klar aussagt, dass das vorzüglichste aller Aphrodisiaka eine attraktive Partnerin ist, die ihr Begehren kundtut und alle Hemmungen ablegt.

- **Ölbehandlungen**

Die Ölsalbung und Ganzkörperölmassagen mit konstitutionellen Ölen am besten im Rahmen einer Kurbehandlung öffnen die Sinne und stärken die Potenz.

- **Sport und Yoga**

Körperliche Fitness bildet natürlich eine Grundvoraussetzung für den Liebesakt und muss entsprechend gepflegt werden. Yogaübungen, die die unteren Chakras anregen und stärken, verschaffen eine bessere Kontrolle über die sexuelle Energie. Denn die körperliche Liebe ist eine Kunst, die man ständig üben soll!

- **Ernährung**

Nahrungsmittel, die die Potenz vermehren, gibt es zuhauf: Beispielsweise ganze Mandeln und Pistazien in Honig einlegen, sieben Tage an die Sonne stellen und davon dann täglich sieben bis zehn Stück essen. Oder einen Teelöffel gemahlene Bockshornkleesamen mit etwas warmem Wasser zu einer Paste verrühren und dreimal täglich mit Honig einnehmen.

Prellungen

Zu einer Prellung kann es infolge von Schlägen oder Stößen kommen: Dabei wirkt ein hoher Druck auf das Gewebe ein, der dieses quetscht und die kleinen und kleinsten Blutgefäße verletzt. Daraufhin bildet sich ein unterschiedlich stark ausgeprägter Bluterguss, gut erkennbar als »blauer Fleck«, und die betroffene Stelle schwillt an.

Die Behandlung
- **Umschläge**

Eine rohe Zwiebel abziehen und fein hacken, in Ghee leicht anbraten und damit Umschläge machen – mehrmals täglich, bis eine Linderung der Beschwerden eintritt.
Eine andere Möglichkeit ist, mehrmals täglich einen Umschlag mit Beinwellwurzel zu machen. Die Prellung zu kühlen mag wohl die Schmerzen lindern, aber die Schwellung nimmt dabei eher zu. Deshalb gehen wir in der Ayurveda den Weg, eher mit warmen Umschlägen zu arbeiten.

- **Öleinreibung**

Das Auftragen von etwas Kokosöl kann die Beschwerden ebenfalls lindern.

- **Bandage**

Eine elastische Binde kann den Bluterguss begrenzen und schneller zum Verschwinden bringen.

Schlafstörungen

Schlafstörungen sind Abweichungen vom normalen Schlaf, die subjektiv empfunden oder objektiv feststellbar sind. Sie gehen mit einer eingeschränkten Tagesbefindlichkeit einher, auch die Schlafdauer oder -qualität (Dyssom-

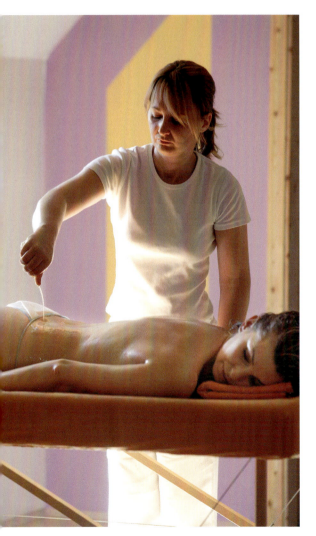

Ein warmer Ölguss schenkt gesunden und erholsamen Schlaf.

nie) kann beeinträchtigt sein. Häufig ist eine psychische oder körperliche Erkrankung die Ursache der Schlafstörungen. Man unterscheidet: Einschlafstörungen (Hyposomnie), Durchschlafstörungen (Insomnie), krankhaft gesteigertes Schlafbedürfnis (Hypersomnie) und eine Störung des Schlaf-wach-Rhythmus (beispielsweise unregelmäßiger Rhythmus bei Schichtarbeit).

Die Behandlung
- **Ayurveda-Kur**

Ein regelmäßiger Schlaf-wach-Rhythmus ist unablässig für einen gesunden Schlaf. Ist dieser erst einmal gestört, erhöht sich die Vata-Energie so stark, dass sie unmöglich ohne besondere Maßnahmen wieder ausgeglichen werden kann. Eine Ayurveda-Kur kann den natürlichen Rhythmus wiederherstellen.

- **Ölmassagen**

Therapien wie Stirnölguss, Kopfölmassage, Ganzkörperölmassagen oder Ganzkörperölguss bieten auch gute Abhilfe. Aber die effektivste therapeutische Behandlung ist Shirovasti. Dabei wird dem Patienten ein Hut aus Naturleder aufgesetzt. Dieser wird mit in Teig getauchten Binden abgedichtet. Dann wird ein beruhigendes Ayurveda-Öl eingefüllt und zwischen 20 und 45 Minuten auf dem Kopf belassen.

- **Yoga**

Entspannende und beruhigende Yogaübungen bedeuten eine wertvolle Hilfe bei Schlaflosigkeit jeder Art.

- **Ernährung und passende Anwendungen**

Generell können wir davon ausgehen, dass Einschlafstörungen primär mit Pitta- und sekundär mit Vata-Ansammlungen, Durchschlafstörungen und eben der unregelmäßige Schlaf dagegen eher mit einem Vata-Überschuss einhergehen. Entsprechend muss auch die Behandlung angepasst werden. Einschlafstörungen werden mit Pitta senkenden Maßnahmen wie einer Pitta besänftigenden Ernährung behandelt und bei Vata kommen eine Vata-Ernährung und die oben erwähnten Ölbehandlungen zur Anwendung.

Nicht vergessen!
Pitta kann mit kühlenden Substanzen bzw. Behandlungen und Vata mit wärmenden behandelt werden.

Sonnenbrand

Das Gefährliche dabei ist, dass die Hautzellen bereits geschädigt werden, weit bevor sich die Folgen der Besonnung bemerkbar machen. Ist die Rötung da, ist es für die Haut schon viel zu spät; ganz zu schweigen davon, wenn der Sonnenbrand erst »perfekt« ist. Als besonders gefährlich haben sich Sonnenbrände in der Kindheit und Jugend erwiesen.

Die Behandlung
- **Aloe vera**

Ein frisches Aloe-vera-Blatt anschneiden und das austretende Gel ganz behutsam

> **So beugen Sie einem Sonnenbrand vor**
>
> Grundsätzlich sollten Sie nur geschützt in die Sonne gehen und dazu den Sonnenschutz etwa 15 Minuten, bevor die Haut der Sonne ausgesetzt wird, auftragen. So lange dauert es, bis sich die Wirkung in der Haut voll entwickelt hat.

mit den Fingerspitzen auf die verbrannten Hautpartien auftragen.

- **Lavendel**

Einige Tropfen ätherisches Lavendelöl, in Ghee verdünnt, auf die betroffenen Stellen auftragen.

Übelkeit

Flaues Gefühl im Magen, kalter Schweiß, Schwindel, Blutdruckabfall und auffallende Blässe sind typische Anzeichen von Übelkeit. Auslöser können neben dem Geschehen im Magen auch Schlafmangel, Hunger, abgestandene Luft, ekelerregende Gerüche, niedriger Blutdruck, Nervosität, Magenschleimhautentzündung, Magengeschwüre wie auch ein Migräneanfall sein.

Morgendliche Übelkeit kennen viele Mütter aus den ersten Monaten ihrer Schwangerschaft. Auch wem »etwas auf den Magen schlägt« oder wer ein aufreibendes Ereignis zu verdauen hat, kann Übelkeit verspüren.

Die Behandlung

- **Tees**

Einen Teelöffel Kreuzkümmel- oder Anissamen kurz in der Pfanne ohne Fett anrösten (Vorsicht, die Samen brennen sehr rasch an, daher ständig umrühren), dann zermörsern und schließlich mit heißem Wasser übergießen. Lassen Sie den Aufguss kurz ziehen, filtern Sie ihn ab, und wenn er etwas abgekühlt ist, können Sie dieses wirksame Getränk einnehmen.

Auch Pfefferminztee, mehrere Tassen und in kleinen Schlucken getrunken, wirkt lindernd bei Übelkeit.

- **Kardamom**

Eine andere und schnellere Gegenmaßnahme ist, wenn Sie die Samen von zwei Kardamomkapseln zerkauen.

- **Ernährung**

Die genannten Maßnahmen helfen allerdings nur, die Symptome der Übelkeit zu bekämpfen. Die Ursache liegt aber in einer Beeinträchtigung des Stoffwechsels durch überschüssiges Kapha. Aus diesem Grund helfen stoffwechselanregende Kräuter wie Pippali (Piper longum) und Ingwer und eine strikte Anti-Kapha-Ernährung, bis der Appetit wieder voll hergestellt ist. Kaffee, alkoholische und sehr säurehaltige Getränke sollte man vorübergehend meiden.

- **Bewegung und Atmung**

Das gestörte Kapha kann mit Bewegung und Atmung wirksam besänftigt und damit auch die Übelkeit bekämpft werden.

Mit warmen Kräuterpulvern werden Fettpolster einfach weggerubbelt.

Übergewicht

Viele Menschen sind der Meinung, sie seien übergewichtig, obwohl dies vom medizinischen Standpunkt aus nicht der Fall ist. Im Ayurveda variiert das Idealgewicht zwischen den einzelnen Konstitutionen beträchtlich. Der Kapha-Mensch erscheint im Vergleich zum Vata-Typ bereits als übergewichtig. Pitta bewegt sich in der Mitte. Der bekannte Body-Mass-Index (BMI) muss deshalb zusätzlich noch im Licht der Konstitution betrachtet werden.

Niemand wird übergewichtig, ohne zu viel zu essen, und so ist Übergewicht außer bei einigen seltenen Erkrankungen nicht schicksalhaft, sondern selbst verursacht.

Die Behandlung
- **Ernährung**

Die natürliche Folge eines funktionierenden Stoffwechsels ist ein gutes Hungergefühl. So paradox es klingen mag, die Regel lautet: Je besser der Appetit, umso weniger setzen Sie überschüssige Pfunde an. Übergewicht kann deshalb aus ayurvedischer Sicht nur erfolgreich behandelt werden, wenn der Stoffwechsel korrigiert wird.

Eine würzige Kapha regulierende Ernährung wirkt trotz dreier guter Mahlzeiten am Tag gewichtsreduzierend.

Meiden Sie alle kalten Speisen und Getränke, und wenn Sie eine Mahlzeit ausfallen lassen wollen, dann kommt dafür einzig das Abendessen infrage.

- **Bewegung**

Kräftige Bewegung – und das mehr als zweimal pro Woche – verbraucht überschüssige Fetteinlagerungen und regt den Stoffwechsel an.

- **Kräuterpulvermassage**

Die Ayurveda-Kräuterpulvermassage mit einem direkt anschließenden Schwitzbad wirkt extrem anregend auf das Gewebe und sollte wöchentlich beim Therapeuten durchgeführt werden.

- **Pancakarma**

Ayurvedische Pancakarma-Kuren mit ihrem entschlackenden Charakter verbrennen Pfunde wirksam und mit anhaltendem Effekt.

Zusätzlich fördern bekannte pflanzliche Präparate den Fettstoffwechsel und helfen dem Körper, überschüssige Pfunde zu verbrennen: Commiphora mukul (Myrrhe) und Devadaru (Cedrus deodara) seien hier als zwei Beispiele genannt.

Verbrennungen

Rein medizinisch gesehen handelt es sich bei Verbrennungen um Hautentzündungen, die durch offene Flammen, heißes Wasser (oder andere heiße Flüssigkeiten) oder UV-Strahlen hervorgerufen worden sind. Diese Entzündungen führen zur Rötung und Schwellung des betroffenen Hautgebietes. Häufig entstehen an der verbrannten Hautstelle Brandblasen, aus denen helle Gewebeflüssigkeit abgesondert wird.

Anzeichen für die Schwere der Verbrennungen
- Grad 1: Haut rot und geschwollen, Berührung und Wärme verursachen Schmerzen.
- Grad 2: Blasen, nässende Wunden, sehr schmerzhaft.

> **Wichtig**
>
> Zur Selbstbehandlung eignen sich nur leichte Verbrennungen, also Grad 1 und Grad 2. Bei Verbrennungen dritten Grades oder wenn größere Hautflächen betroffen sind – d. h. bei Erwachsenen mehr als zehn und bei Kindern mehr als fünf Prozent der Körperoberfläche –, muss sofort ein Notarzt verständigt werden. Durch die Entgleisung des Flüssigkeitshaushalts und durch die bei der Verbrennung freigesetzten Eiweißverbindungen drohen unter anderem ein lebensgefährlicher Schock mit Kreislaufversagen sowie schwersten Schäden an den Nieren.

- Grad 3: Haut weiß, Schäden bis in die Unterhaut, trockene, harte Veränderungen und tiefe Verschorfungen der umliegenden Gewebe. Sie sterben zum Teil ab, was kaum Schmerzen verursacht, da die Nerven zerstört sind.

Die Behandlung
- Erste Hilfe

Sofort pures Ghee oder Aloe-vera-Gel auf die verbrannten Hautstellen auftragen. Die Wunde muss anschließend gut geschützt und feucht gehalten werden. Dazu geben Sie weiterhin Ghee oder Aloe-vera-Gel auf die Wunde und machen dann einen leichten Wundverband.

- Flüssigkeitsaufnahme

Trinken Sie genug Flüssigkeit oder noch besser ein bis zwei Tassen Brennnesseltee täglich.

Verstopfung

Unter Verstopfung versteht man erschwerten, schmerzhaften, harten oder zu seltenen Stuhlgang, der auch mit dem Gefühl unvollständiger Entleerung verbunden sein kann. Die Bandbreite der Stuhlgangfrequenz bewegt sich zwischen dreimal täglich und bis zu dreimal pro Woche.
Die Ursachen von Verstopfung sind in den meisten Fällen in der Ernährungsweise zu suchen. Häufig mangelt es an den für die Darmfunktionen so wichtigen Ballaststoffen.

Bei Verstopfung sollten Sie reichlich trinken – die Natur bietet viele schmackhafte Teekräuter.

Weiterhin führt zu wenig Flüssigkeit zu erfolglosen Sitzungen. Auch die Psyche kann auf dem Darm lasten.

Die Behandlung
- Flüssigkeitsaufnahme

Bei Verstopfung sollten Sie nicht sofort zu einem Abführmittel greifen! Versuchen Sie, durch mehr Flüssigkeitsaufnahme den Stuhlgang zu regulieren. Wenn das nicht hilft, fehlt es wahrscheinlich an Öligkeit im Darm. Dann hilft eine Tasse heiße Milch mit zwei Teelöffeln Ghee täglich vor dem Schlafengehen.

- **Naturpräparat**

Falls Flüssigkeit und Milch noch nicht den gewünschten Effekt gebracht haben, dann sollten milde auswurffördernde Mittel wie Triphala (zwei bis drei Teelöffel Pulver oder drei bis vier Kapseln) vor dem Schlafengehen eingenommen werden und – falls nötig – auch noch einmal die gleiche Dosierung vor dem Frühstück.

- **Ölklistier**

Wenn die genannten Maßnahmen keine Resultate bringen, sollten Sie trotzdem noch nicht zu einem Abführmittel greifen, denn der harte Stuhl, der im Dickdarm steckt, würde bei einer plötzlichen und starken Entleerung Ihre Schleimhäute verletzen. Mit einem einfachen Ölklistier mit 50 Milliliter Sesamöl weichen Sie den harten Stuhl auf und schützen die Schleimhaut im Darm und Afterbereich. Sie können den Einlauf ruhig bis zu siebenmal wiederholen. Um zu bewirken, dass Sie den Stuhl auch absetzen können, geben Sie einen Esslöffel Rizinus und einen Teelöffel Salz zum Klistier dazu.

- **Darmreinigung**

Wenn der »harte Pfropfen« erst einmal beseitigt ist, können Sie eine Darmreinigung durchführen und eines der folgenden abführenden Mittel anwenden:
Entweder zwei Esslöffel Rizinusöl und zwei Teelöffel Rohrzucker in eine Tasse heiße Milch einrühren und vor dem Schlafengehen trinken oder Sennablätter als Konzentrat (ein bis zwei Kapseln) bzw. als Fertigpräparat aus der Apotheke entsprechend den Packungsanweisungen einnehmen. Dritte Möglichkeit: Triphala, die Mischung von drei tropischen Früchten ist zwar kein typisches Abführmittel, hat aber eine gute entschlackende und stuhlfördernde Wirkung und kann auch über lange Zeiträume problemlos eingenommen werden. Die Dosierung liegt bei zwei bis drei Kapseln Konzentrat vor dem Schlafengehen mit zwei Glas warmem Wasser.

- **Ernährung**

Eine Vata reduzierende Ernährung ist bei Verstopfung angezeigt. Trinken Sie mindestens zwei Liter warmes Wasser am Tag. Nur dann können die unverdaulichen Ballaststoffe im Darm aufquellen, auf diese Weise den Darminhalt weich halten und sein Volumen vergrößern. Dies regt wiederum die Darmmuskulatur an, fördert den Verdauungsprozess und wirkt so letztlich einer Verstopfung entgegen. Besonders bei älteren Menschen ist das Durstgefühl oft gering, sodass sie umso mehr auf eine ausreichende Flüssigkeitszufuhr achten müssen.

- **Darmtraining**

Gewöhnen Sie Ihren Darm an einen regelmäßigen Rhythmus: Dazu gehen Sie täglich möglichst immer zur gleichen Zeit auf die Toilette. Starkes Pressen beim Stuhlgang ist unbedingt zu vermeiden, da dies zu Hämorrhoidalbeschwerden führen kann.

- **Bewegung**

Wichtig ist auch ausreichende und regelmäßige körperliche Bewegung. Das macht auch den trägen Darm mobil.

Empfehlenswerte Bezugsquellen

Im Internet
- www.ayurveda-rhyner.com
- www.ayurveda-handel.de
- www.ayurveda-marktplatz.de
- www.ayurveda-versand.ch

AYURVEDA RHYNER
AYURVEDA RHYNER Bio Laden
Kaiserstraße 67
A-1070 Wien
Tel.: 01 40/5 55 87,
Fax: 01 40/5 01 39

Weitere Bücher des Autors
- Rhyner, Hans H.: Das Neue Ayurveda Praxis Handbuch. Urania Verlag

- Rhyner, Hans H.: Gesund leben, sanft heilen mit AYURVEDA. Urania Verlag

- Rhyner, Hans H./Rhyner, Irene: Das AYURVEDA Kamasutra. Bauer Verlag/ AT Verlag

- Rhyner, Hans H.: Mit YOGA im Gleichgewicht. BLV Verlag

- Rhyner, Hans H.: Richtig Yoga. BLV Verlag

- Rhyner, Hans H./Frohn, Birgit: VASTU, die indische Lehre vom gesunden Bauen und Wohnen. Irisiana Verlag

- Rhyner, Hans H./Frohn, Birgit: Heilpflanzen im Ayurveda. AT Verlag

- Rhyner, Hans H./Rosenberg, Kerstin: Das große Ayurveda Ernährungsbuch. Urania Verlag

Stichwortverzeichnis

Aerober Bereich (Training im aeroben Bereich) 63
Akne 80
Aloe vera 105
Amalaki-Fruchtmus (Chyavanprash) 21, 24, 30, 41, 83, 86
Amenorrhoe 94
Analdusche 91
Analfissuren 91
Aphrodisiaka 99
Appetitlosigkeit 80 f.
Arjuna (Terminalia arjuna) 85
Arteriosklerose 85
Arthritis 81 f.
Arthrose 81 f.
Asant 22, 84
Ashoka (Saraca indica) 93 f.
Ashwagandha (Withania somnifera) 83, 86 f., 91, 97, 99
Asthma 83
Augenpflege 75

Babymassage 44
Bala (Sida cordifolia) 44, 86
Bauchatmung 61
Beinwellwurzel 100
Bhringa-Öl 26, 28, 35, 69
Bhumamalakadi (Phyllantus niruri) 83
Blähungen 83
Blasenschwäche 84
Bluthochdruck 85, 87
Bockshornklee 87, 99
Brahmi (Bacopa monniera) 85, 87
Brennnesselwurzel 84
Burn-out-Syndrom 86

Centaurium 90
Chai 22
Chakras (Energiezentren) 64, 91, 99
Cholesterin 87

Darmreinigung 106
Depression 87 f.
Devadaru (Cedrus deodara) 89, 104
Diabetes mellitus (Zuckerkrankheit) 87, 93
Drehstand 58 f.
Dreieckshaltung 56
Drittes Auge 62
Durchfall 88 f.
Dysmenorrhoe 94

Erkältungskrankheiten 89 f.
Erschöpfungsdepressionen 86

Frauenmantel 93 f.
Fußpilz (Mykose) 90

Gandusha 95
Gelber Enzian (Gentiana lutea) 90
Geschmacksrichtungen 52 f.
Gewichtsverlust 78
Ghee 21
Ginsengwurzel 86, 88

Gokshura (Tribulus terrestris) 84, 99
Gomiso 86
Grundkonstitution 11 ff.
Guduci (Tinospora cordifolia) 89 f.

Haarausfall 70
Hämorrhoiden 91 f.
Hand-Fuß-Haltung 56 f.
Hridavasti 71, 85
Hormonersatzbehandlung 99
Hypothalamus 62

Immunfitness 20 ff.
Innenschau (Pratyahara) 63

Juckbohne (Mucuna pruriens) 99

Kadivasti 71, 81
Kalaripayatt (Kampfkunst) 54
Kapha 11 f., 89
Kapha-Typ 12, 15
Kardamom 92, 106
Kerze 60
Klistier 32, 38
Konstitutionstypen 13 ff.
Kopfschmerzen 91 ff. 102 f., 104
Krafthaltung 58
Krampfadern 91
Kundalini 58

Lavendel 102
Libido 65
Lipidsenker 87

Lohabhasma 91
Löwenzahn 83

Mediation (Dhyana) 63
Menorrhagie 54
Menstruationsbeschwerden 93 ff.
metabolisches Syndrom 87
Mönchspfeffer 94
Morbus Crohn 89
Mundgeruch 95
Myrrhe (Commiphora mukul) 87, 94, 104

Nasenbluten 95
Neemöl 90
Neurodermitis 96
niedriger Blutdruck 97
Nordic Walking 28, 63, 85

Oligomenorrhoe 93
Ölziehen 73
Osteoporose (Knochenschwund) 97 f.

Palmenhaltung 54 f.
Pancakarma 83, 95, 104
Pippali (Piper longum) 102
Pitta 11 f., 90
Pitta-Kapha-Typ 12, 16
Pitta-Typ 12, 15
PMS 104
Potenzstörungen (erektile Dysfunktion) 99
Polymenorrhoe 93
Prämenstruelles Syndrom (PMS) 93 ff.

Prellung 100
Punarnava (Boerhaavia diffusa) 84

Rajas 17, 40
Rasayana 86
Rig Veda 64

Sattva 17, 40
Schlafstörungen 101 f.
Schnupfen 96
Schwimmen 28, 42, 64
Schwitzbehandlung 76 f.
Selbstbeobachtung 62
Serotonin 87
Sex 65
Shatavari (Asparagus racemosus) 86, 94
Shirovasti 101
Shukra Dhatu (Fortpflanzungsgewebe) 65
Sinusitis 95
Sonnenbrand 101 f.

Tamas 17, 40
Tanzen 64
Tepidarium 26, 76
Tridosha-Typ 12, 16
Triphala 106

Übelkeit 102
Übergewicht 87, 103 f.
Urstoffe 9 f.

Vadivu 58
Vamana 83
Vasaka (Adhatoda vasica) 89

Vata 11 f., 89
Vata-Kapha-Typ 12, 15
Vata-Pitta-Typ 12, 15
Vata-Typ 12, 15
Venenklappen 68
Verbrennungen 104 f.
Verstopfung 105 f.
Vitalzentren 64

Weihrauch (Boswellia serrata, Shallaki) 87, 89, 94

Yoga(programm) 28, 35, 42, 44, 54 ff., 85, 96

Zervikalsyndrom 93
Zungenschaben 72

Über den Autor

Hans Heinrich Rhyner, Naturarzt (Schweiz) für Ayurveda, MD & PhD (alternative Medicines, Indien)

Dr. Hans Heinrich Rhyner ist anerkannter Ayurveda-Experte und Pionier der ersten Stunde sowohl im Ursprungsland Indien wie auch in Europa. Dem gebürtigen Schweizer geht es um Anpassung und Integrierung des klassischen Ayurveda mit seinem spirituellen und ganzheitlichen Verständnis im Westen.

Sein Wissen ist äußerst authentisch, lebte und praktizierte er doch über 20 Jahre Ayurveda und Yoga in Indien. In Bangalore erhielt er ein Doktorat als Alternativmediziner sowie in Philosophie und führte seine eigene Klinik. Seit 1992 ordiniert er in seiner Praxis für Ayurveda-Medizin in Herisau. Im Kanton Appenzell-Ausserrhoden konnte er 64 bewährte ayurvedische Heilmittel registrieren.
Von 2003 bis 2009 leitete er sein Ayurveda-Kurhaus 50 Kilometer nördlich von Wien. In Österreich befindet sich auch die eigene Herstellung für biologische Ayurveda-Produkte, die er mit seiner Frau Irene Rhyner betreibt. Verarbeitet werden hier hauptsächlich Heilpflanzen aus Europa zu Massage- und Körperpflegeölen (Thaila), Gewürzmischungen (Masala), Kräuter- und Gewürztees (Chai), Nahrungsergänzungsmitteln wie Kräuterelixieren (Asava), Fruchtaufstrichen (Chavanprash) und vielen weiteren Produkten.

Seit vielen Jahren engagiert er sich im verbands- und gesellschaftspolitischen Bereich für die Anerkennung der Naturmedizin. Er ist Vizepräsident des Schweizer Verbandes für Ayurveda Mediziner und Therapeuten (VSAMT), Präsident des Österreichischen Dachverbandes für Ayurveda (ÖDA) und langjähriges Mitglied im Naturärzte Verband Schweiz (NVS). Seiner Meinung nach gibt es nur eine Medizin, nämlich diejenige, die wirksam und anhaltend die Gesundheit der Bevölkerung absichert.

Schweizer Praxis für Ayurveda Medizin
Hauptstrasse 45
CH-9053 Teufen
Tel.: +41-(0)71-245 42 42

Wiener Ayurveda Centrum
Währinger Straße 60
A-1090 Wien
Tel.: +43-(0)1-405 55 87
www.ayurveda-rhyner.ch
www.ayurveda-rhyner.com

Impressum

**Bibliografische Information
der Deutschen Nationalbibliothek**

Die Deutsche Nationalbibliothek verzeichnet diese Publikation in der Deutschen Nationalbibliografie; detaillierte bibliografische Daten sind im Internet über http://dnb.d-nb.de abrufbar.

5. überarbeitete Auflage

BLV Buchverlag
GmbH & Co. KG
80636 München

© 2015 BLV Buchverlag GmbH & Co. KG, München

Das Werk einschließlich aller seiner Teile ist urheberrechtlich geschützt. Jede Verwertung außerhalb der engen Grenzen des Urheberrechtsgesetzes ist ohne Zustimmung des Verlags unzulässig und strafbar. Das gilt insbesondere für Vervielfältigungen, Übersetzungen, Mikroverfilmungen und die Einspeicherung und Verarbeitung in elektronischen Systemen.

www.facebook.com/blvVerlag

Bildnachweis
Alle Fotos Ulli Seer, außer:
Anders, Antje: S. 18/19
Archiv BLV: S. 48
Reusse, Michael: S. 63
Hahn, Michael: S. 64
Ernst, Nina: S. 105
Rhyner, Hans: S. 2/3, 41
Hart, Sammy: S. 6/7, 16, 22, 25, 28, 31, 34, 36, 38, 52
Umschlagfotos:
Vorderseite: Sammy Hart
Rückseite: Ulli Seer

Lektorat: Maritta Kremmler, Dr. Christiane Lentz
Herstellung: Angelika Tröger
DTP: Uhl + Massopust GmbH, Aalen

Gedruckt auf chlorfrei gebleichtem Papier

Printed in Germany
ISBN 978-3-8354-1454-9

Hinweis
Das vorliegende Buch wurde sorgfältig erarbeitet. Dennoch erfolgen alle Angaben ohne Gewähr. Weder Autor noch Verlag können für eventuelle Nachteile oder Schäden, die aus den im Buch vorgestellten Informationen resultieren, eine Haftung übernehmen.

Gesundheit und Energie durch Pflanzenkraft

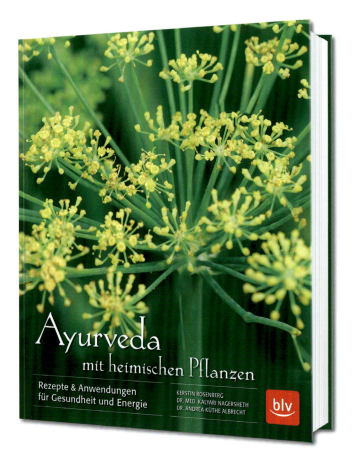

Kerstin Rosenberg, Kalyani Nagersheth, Andrea Küthe Albrecht
Ayurveda mit heimischen Pflanzen
Das erste Praxisbuch: heimische Kräuter und Gewürze nach den Prinzipien des Ayurveda nutzen. Ayurvedische Anwendungen und Rezepte, gegliedert nach Beschwerden von A – Z. Porträts heimischer Pflanzen aus ayurvedischer Sicht. Grundlagen des ayurvedischen Heilwissens.
ISBN 978-3-8354-1384-9